五溪
文化概论

杨志堂　杨志历 ◎ 著

湖南大学出版社

·长沙·

图书在版编目（CIP）数据

五溪文化概论/杨志堂，杨志历著. —长沙：湖南大学出版社，2023.4
ISBN 978-7-5667-2736-7

Ⅰ.①五…　Ⅱ.①杨…　②杨…　Ⅲ.①地方文化—概论—怀化
Ⅳ.①G127.643

中国版本图书馆 CIP 数据核字（2022）第 213454 号

五溪文化概论

WUXI WENHUA GAILUN

著　　者：杨志堂　杨志历	
责任编辑：向彩霞	
印　　装：长沙鸿和印务有限公司	
开　　本：710 mm×1000 mm　1/16　　**印　　张**：15.75　**字　　数**：191 千字	
版　　次：2023 年 4 月第 1 版　　　　**印　　次**：2023 年 4 月第 1 次印刷	
书　　号：ISBN 978-7-5667-2736-7	
定　　价：68.00 元	

出 版 人：李文邦
出版发行：湖南大学出版社
社　　址：湖南·长沙·岳麓山　　　**邮　　编**：410082
电　　话：0731-88822559（营销部），88821343（编辑室），88821006（出版部）
传　　真：0731-88822264（总编室）
网　　址：http://www.hnupress.com
电子邮箱：463229873@qq.com

序

　　2022年虎年纳福，正值我完成《湖湘文化区域精粹》怀化篇和《沅江流域文化研究》两书组织编写工作之际，收到了杨志堂、杨志历两位老师所著的《五溪文化概论》书稿，他们诚邀我为其作序，这使我有幸先睹为快。书中描写的创世传说、文明典藏、民族风情、奇风异俗、美食特产、山水风光……把五溪文化淋漓尽致地展示在人们面前，为人们全面了解五溪文化描绘出了一幅优美动人的画卷。

　　纵观历史，五溪战国属楚之黔中郡，秦属黔中郡、洞庭郡，汉属武陵郡，三国以后称为五溪地区。五溪地区如今指的是以怀化市为中心地带，辐射周边，包括湘、桂、黔、渝、鄂五省（直辖市、自治区）相邻的广大地区，拥有50多个少数民族，辖70多个县市区。怀化市不仅是五省通衢的门户，也是水、陆、空立体交通的枢纽。航空形成节点、铁路形成枢纽、高速公路形成网络、干线形成通道、水运形成规模、农村公路形成循环，构建了怀化市安全、绿色、便捷、高效的现代综合交通运输体系新格局。中国科学院院士叶大年考察怀化时曾断言：怀化正处于贵阳—重庆—宜昌—长沙—柳州这些大城市网络空洞的中心点，具有成为湘、桂、黔、渝、鄂五省（直辖市、自治区）周边区域性中心城市的潜能。

　　五溪悠悠，弦歌不绝，从五溪文脉创世说到农耕文明再到工业文明直至当今的现代文明，五溪演绎了一部不老的神话。考古发现，五溪域内洪江市高庙遗址距今已有 7000 多年的历史；距今约 5000 年的 12 处稻作文化遗址，也在这一域内被发掘，这为中国水稻发源地的研究提供了丰富的史料。20 世纪 60 年代，袁隆平在与高庙遗址仅一江之隔的安江农校培育惠及人类的杂交水稻，创造了一粒种子改变世界的奇迹。事实上，五溪人才辈出各领风骚。辰溪县松溪口遗址的发掘，找到了属于本区域史前文化发展链上的关键一环，奠定了本区域新石器时代文化谱系研究的基础，使我们对高庙文化及其他史前文化的发展，有了一个全新的认识。也正是在五溪这片土地上，屈原写下了《九歌》等不朽诗篇；李白发出了"我寄愁心与明月，随风直到夜郎西"的深情感怀；王阳明在这里宣扬理学主张心学；林则徐在这里挥就"一县好山留客住，五溪秋水为君清"的诗篇……本土先贤名士杨再兴、满朝荐、潘仕权、易孔昭等的思想，革命先驱唐伯庚、向警予、粟裕、滕代远、刘晓、向仲华等的光辉事迹，从五溪传遍中华大地，融入绚丽多姿的世界文化。

　　世界文化从来都离不开区域文化，无论东西文化怎样碰撞，终将和合发展。因此，越是区域的、民族的文化，越是世界的文化。五溪地区拥有千百年的人类繁衍生息史，8000 多年的文明史和 2000 多年的筑城置戍史，创造了源远流长、丰富独特的地域文化，造就了璀璨绚丽的五溪文明，堪称历史文化宝库。同时，五溪文化作为一种区域文化，域内的二酉藏书铸就了辰溪大酉洞成为自古文人的朝圣地，古代众多文人在这里驻足观赏，吟诗作对，从而使"学富五车、书通二酉"典故策源有了更为深层的文化内涵；最美村落国家级文化名村辰溪五宝田，全国爱国主义教育基地芷江受降纪念馆，被称为"天下第一漂"的水上奇观猛洞河漂流，国家AAAA级景区凤凰古城，独具特色的"湘西第一古镇"黔城，被誉为中国商道文化百科全书的洪江古商城等，具有地域民族风貌的特色地标景观矗立在五溪域内，吸引着各地游客前往观光游览。此外，苗歌侗语、民族服饰、茶山号子、侗戏傩戏、花灯高腔、木兰古琴等一些民俗文化及一批国家级省级非物质文化遗产品牌，也都在域内大放异彩，这些无不彰显了五溪文化的自身特色及其价值，从而作为中国特色文化元素构筑并丰富了多元世界文化。

文化是一个民族的根与魂，五溪文化既有世界文化共性，又有本民族文化特色的独特性。本书不辱文化使命，从历史唯物主义视角出发，展示这一区域的文化风貌，对这一区域的文化资源进行介绍，彰显共性却又不失其特色，令人耳目一新，可谓一部不可多得的五溪文化活教材。

湖南省社会科学院/湖南省人民政府发展研究中心研究员
唐光斌
2022 年 11 月 21 日于长沙尚清雅苑

前　言

在中国西南地区，湖南西部，有一条河，叫沅江（又称沅水）。它是湖南省境内洞庭湖水系的四大河流之一（其他分别是湘江、资江和澧水）。在沅江中上游，又有众多支流，分别从湘桂黔渝鄂交界地区的崇山峻岭、深山峡谷中流出。在这众多支流中，以巫水、渠水、沅水、酉水和辰水最为有名。从古代开始，人们便把它们统称为五溪，五溪流经地区因此被称为五溪之地或者五溪地区。

北魏著名地理学家郦道元在《水经注》中就曾说道："武陵有五溪，谓雄溪、樠溪、无溪、酉溪、辰溪。"他所说的五溪，即今天的巫水、渠水、沅水、酉水和辰水。因为历史原因和看法不同，五溪究竟指哪五溪，历史上有过争论，现基本倾向于郦道元的观点。

五溪古属荆州，春秋时期属楚，战国时属楚之黔中郡，秦时属黔中郡、洞庭郡，汉时属武陵郡，三国以后称为五溪地区。

从地理上看，五溪地区被雪峰、武陵两大山系阻隔，武陵山脉在其北面，雪峰山脉在其南面，从而形成了相对独立的自然带。它处于我国地形第二级阶梯向第三级阶梯的过渡地带，海拔从几十米到两千多米不等。境内高山峡谷，崇山峻岭，交通极为不便。五溪地区属亚热带季风气候区。境内山多林密，物种丰富，温湿多雨，气温适宜，四季分明。

在中华民族几千年的历史长河中，五溪地区的人们凭借自己的聪明和智慧创造的文化成为中华文明的重要组成部分。这里汇聚了中国西南地区少数民族聚集区的多种文明，形成了灿烂辉煌的五溪文化。这里的神话传说、巫傩文化，以及各民族既相独立又相融合的文化风格，使五溪地区的传统文明独具特色，具有无限的魅力。

本书将五溪地区的创世传说、文明典藏、民族风格、奇风异俗、美食特产和山水风光的优美画卷徐徐向人们展开，给人们带来美的享受！

杨志堂　杨志历

2022 年 7 月

目　次

第一篇
五溪及五溪文化概说

　　五溪是一个地理区域名称，五溪地区的人们有的自古以来就生活在这片土地上，有的从别处迁徙而来。五溪人们在长期的生息繁衍过程中，不断丰富民族文化内涵，注重适应生存环境，逐步形成了五溪文化。本篇将对五溪、五溪文化及相关知识作一个简明的介绍，以便全面深入地了解五溪文化。

一、五溪概念

五溪主要分布在湖南省沅水中上游的流域地区。它以湖南西部为主体，以怀化市为中心地带，包括了湖南西部、广西北部、贵州东部、重庆东南部和湖北西部等相邻的广大地区。从地势来看，它处于我国第二级阶梯（五溪地区中的云贵高原）与第三级阶梯（五溪地区中湘中一带平原等）的过渡地带。崇山峻岭、沟壑纵横、溪河密布、植被茂盛、多民族杂居，是五溪地理方面的基本特点。

（一）五溪整体情况

1. 五溪的历史解释

（1）北魏著名地理学家郦道元（约 470—527）所著的《水经注》记载："武陵有五溪，谓雄溪、樠溪、无溪、酉溪、辰溪。"这可以说是关于五溪的最早记录。

（2）唐代李延寿等人所著的《南史》（"二十四史"之一）中，把五溪分为酉溪、樠溪、雄溪、武溪和辰溪。

（3）宋元时期马端临所著的《文献通考》认为，五溪是武溪、巫溪、酉溪、辰溪和沅溪，首次将"沅溪"列作五溪之一。

（4）明代的《大明一统志》认为五溪是酉溪、巫溪、武溪、辰溪和潕溪。"潕溪"即今溆浦境内的溆水。

（5）清代《辰溪县志》中，转载了《九江五溪考》中的相关内容：“从西达于沅者，则古之满溪，今讹为明溪者也，源于永顺土司贺虎山，与雄、潕、辰、酉合为五溪。”除此之外，历史文献中还有关于武溪、朗溪、桂溪、龙溪的记载，于是人们将它们合起来统称为“九江”。

（6）由清代李瀚章等编纂的光绪《湖南通志·地理志》认为，五溪是辰水、沅水、巫水、渠水和酉水。

2. 五溪的现今解释

现今，人们对五溪的解释，大都来自郦道元《水经注》和《湖南通志·地理志》的记载，即五溪为雄溪（巫水）、樠溪（渠水）、无溪（沅水）酉溪（酉水）和辰溪（辰水）。[①] 它主要分布在湖南省洞庭湖水系的沅水中上游地区。

沅水，也称沅江，约在战国时开始得名。它的主源清水江发源于贵州东南云雾山，流经贵州黔南、黔东南，在怀化市洪江市黔城镇与潕水汇合，其下游开始称为沅水，从常德汉寿县注入洞庭湖。沅水主干长达 1033 千米，整个流域流贯湘桂黔渝鄂 70 余个县市区，流域面积 8.92 万平方千米。五溪流域概况如表 1-1 所示。

---

① 因五溪在不同历史时期有不同叫法，本书为便于理解，统一表述为巫水、渠水、沅水、酉水、辰水。

表 1-1　五溪流域概况

名称	别名	发源地	流经地区（县、市、区）	长度（千米）	流域面积（平方千米）
巫水	雄溪、运水、竹舟江	湖南城步县巫山	流经城步、绥宁、会同，在洪江市汇入沅水	244	4205
渠水	橢溪、朗溪	贵州黎平县地转坡	流经通道、靖州、会同，在洪江市托口镇汇入清水江	285	6772
沅水	潕阳河、潕水、无水	贵州福泉市罗柳塘	流经福泉、黄平、施秉、镇远、岑巩、玉屏、新晃、芷江、鹤城、中方，在洪江市黔城镇与清水江汇合成沅水	444	10334
酉水	更始河	湖北宣恩县酉源山	流经宣恩、来凤、酉阳、秀山、龙山、保靖、永顺、古丈，在沅陵县汇入沅水	477	18530
辰水	锦江	贵州铜仁市梵净山	流经江口、碧江、麻阳，在辰溪县汇入沅水	289	7536
清水江	剑江、马尾河	贵州云雾山	流经都匀、麻江、凯里、台江、剑河、锦屏、天柱，在洪江市黔城镇与沅水汇合成沅水	459	17145

3. 五溪的概念及所辖县市

狭义上的五溪指湖南省怀化市。广义上的五溪指沅水中上游流域地区，它以怀化市为中心地带，包括湘桂黔渝鄂等五省市相邻地区多个县市区，流域面积超 6.5 万平方千米。具体涉及的省市县如下。

湖南：怀化、湘西自治州、张家界，邵阳城步、绥宁、洞口、隆回等。

广西：三江、龙胜等。

贵州：松桃、万山、碧江、江口、石阡、玉屏、黄平、镇远、岑巩、施秉、雷山、凯里、剑河、台江、锦屏、黎平、天柱、三穗、都匀等。

重庆：黔江、酉阳、秀山等。

湖北：来凤、咸丰、宣恩等。

（二）五溪与相关地域的关系

1. 五溪与怀化

怀化是湖南省的一个地级市。巫水、渠水、沅水、酉水、辰水、均流经怀化，怀化自古便称"五溪之地"。所以，"五溪"可以看作是怀化的代名词。

2. 五溪与雪峰山

雪峰山山脉主体位于湖南省西南部到中部，呈"西南—东北"走向，覆盖邵阳城步、绥宁、武冈、洞口，怀化靖州、会同、洪江、溆浦、沅陵，娄底新化，益阳安化，常德桃源等地。雪峰山全长约 350 千米，宽 80—120 千米。雪峰山山脉是湖南境内延伸最长的山脉，它是我国地势三级阶梯中第二级向第三级过渡的标志性大山。资水把它分为南北两段，南段称雪峰山，北段称梅山。

该山脉南段从溆浦开始，山势高峻；北段延伸至益阳安化境内，总体宽广低矮。高山主要在怀化洪江、邵阳洞口一带。雪峰山的最高峰是苏宝顶，海拔 1934 米，位于洪江市和洞口县之间。这里的植被为亚热带常绿阔叶林，以杉木、松树、楠竹等为多，并且垂直分布特征明显。

五溪中的渠水、巫水均流经雪峰山。

3. 五溪与武陵山

武陵山属云贵高原云雾山分支东延部分。其山脉主体在贵州铜仁和湖南西北部，大体呈"东北—西南"走向，从贵州东部延伸到重庆东南部、湖南西北部、湖北西部，长度约 420 千米，位于我国地势第二级阶梯向第三级阶梯过渡地带。武陵山山峰的海拔多在 800—1200 米，其中最高峰凤凰山海拔 2572 米，在贵州铜仁市境内。

武陵山东面在湖南、湖北境内，西面在贵州、重庆境内，连接湖广、巴蜀、滇黔，总体面积约 10 万平方千米，覆盖了重庆、湖南、湖北、贵州等多个县市区。

五溪地区的部分区域与武陵山区重合，即辰水、酉水、沅水所流经的地区。

二、五溪文化

　　因为特殊的地理环境和多民族的变迁历史，五溪地区形成了独特的区域文化，即五溪文化。它与中华文化相互统一，但它又独具特色。了解五溪文化的特点，了解五溪文化与中华文化的关系，对于传承弘扬五溪文化和中华文化，具有十分深远的意义。

（一）五溪文化概况

1. 五溪文化的概念

　　五溪文化是一种历史悠久的文化，也是一种多民族的多元文化。它指生活在五溪地区的汉、侗、苗、瑶、土家等多个民族的人们，在长期的历史发展过程中，在生产、生活实践以及与自然和谐相处过程中创造的一种地域文化，具体包括思想意识、宗教信仰、民俗风情、教育艺术、服饰用品、人文景观等。

　　五溪文化原本相对独立，随着文化的交流和时代的变迁，它不断地变化发展，今天已成为湖湘文化的重要组成部分。

2. 五溪文化的特色

　　（1）历史悠久。

　　五溪文化是沅水中上游的区域文化。在史学界，它是研究"沅水文化类群"的基础。在这里发现的"沅水文化类群"，以沅陵虎溪山西汉沅陵侯吴阳墓为代表，展示出五溪地区古老的社会政治文化场景。洪江高庙遗址、靖州斗篷坡遗址、新晃高坎垄遗址等，则展示出五溪地区悠久的农耕文明。在这些地方发掘的旧、新石器时代遗存，在我国历史文化中具有十分重要的地位。

在洪江高庙遗址中，考古人员曾发现的白陶、稻谷、凤鸟图像等众多历史遗存，具有十分重要的史料价值。

西汉沅陵侯吴阳墓曾出土了漆器、陶器、玉器、铜器等600多件，轰动一时。

（2）民族多元。

五溪文化既包括了以祭祀传说为特色的巫傩文化，又包括了盘瓠文化和炎帝文化，还有汉、苗、侗、土家等众多民族的民俗文化，以及具有中华民族开创性的稻作文化和龙凤文化，等等。总之，它是一部民族风格异彩纷呈、文化样式名目繁多、文化内涵神秘离奇的文化画卷，是一部几十个民族既相对独立又相互融合的，现实与信仰相结合的文化史诗。

（3）人文性格顽强、勤毅、纯朴。

五溪地区在地形上呈现出高山峻岭遍布、沟谷溪河纵横的特点。交通不便，地处偏远，信息闭塞，这些因素使得五溪文化具有一定的封闭性；而与外界较少的交往交流，使得五溪文化具有相对的稳定性。五溪地区是我国西南部的交通要道，人们从这里走向了东西南北，因此，地方民族与中华民族产生了千丝万缕的联系，在人文性格总体趋同的基础上，又具有鲜明的地方特色。

这种人文性格可以概括为几个方面：一是顽强。五溪地区是典型的偏远山区，山高路险，在这种环境中生存的人们要顽强地与大自然作斗争。相应地，顽强、彪悍的性格也会由此产生。二是勤毅。相对于平原地区来说，五溪人们生存的自然条件较为艰苦。这里的生产力水平相对低下，劳动生产效率偏低。这里的人们需要付出更多的心血，才能求得生存与发展，这也促使当地的人们逐渐形成了勤劳坚毅的性格。三是纯朴。由于地处偏远，与外界交往偏少，所以五溪各民族的性格、习惯和风俗相对稳定。各民族的性格、风俗、礼仪等，更趋于纯朴。

3. 五溪人文

五溪人文历史源远流长，丰富多彩，这里对相关的人文知识作一个简单的介绍。

（1）盘瓠传说。

相传远古时期，帝喾率军与犬戎国交战。犬戎国首领吴将军十分厉害，屡战屡胜。帝喾许诺谁能取得吴将军首级，就将女儿许配给他。一天，一只狗衔着吴将军首级找到帝喾，这只狗就是盘瓠。喾想赖婚，他的女儿辛女却愿意嫁给盘瓠。帝喾十分生气，将辛女囚禁起来，盘瓠前来驮着辛女飞出窗外，来到泸溪境内沅水西岸绝壁上的山洞里。

传说，盘瓠与辛女在泸溪白沙、武溪一带生活，生育了六个男孩和六个女孩。盘瓠的子女们相互婚配，繁衍后代。他们的后代逐渐演变为苗、瑶等民族。所以在湘西自治州，怀化麻阳、辰溪、沅陵一带，把辛女尊称为"神母"，盘瓠尊称为"神父"。

在今天的泸溪白沙、武溪一带，用"盘瓠""辛女"命名的地点多达十几处，如盘瓠洞、盘瓠庙、辛女岩、辛女峰、辛女桥、辛女庵、辛女寺等。

泸溪是盘瓠文化的发祥地，泸溪的"盘瓠传说"已于 2011 年被列入第三批国家级非物质文化遗产名录。

（2）九黎部落。

相传九黎在远古时期是一个部落联盟，与炎黄部落同期。它由九个部落构成，蚩尤是九黎的大酋长。九黎部落最早生活在黄河中下游，后因在涿鹿之战中败给黄帝部落而向南迁徙。到了尧舜禹时期，九黎后人组成三苗部落，在长江、淮河流域与尧舜禹部落长期对抗。商周时期，生活在中原、长江中下游地区的九黎后人及少数民族被称为"南蛮""荆蛮"。春秋时期，九黎后人受到排挤，再次南迁。秦汉时期，华夏民族把居住在武陵山脉、五溪地区的九黎后人及其他少数民族先民称为"武陵蛮""黔中蛮""五溪蛮"。之后，九黎等少数民族逐渐迁入四川、贵州、云南、广西等地。

（3）屈原与"楚文化"。

战国末年，屈原被楚顷襄王流放，沿着沅水来到今天的溆浦，在流放途中写出了《离骚》《橘颂》《九歌》等著名作品，屈原带来的楚文化也就留在了五溪地区，成了五溪文化的一部分。

（4）王昌龄与五溪。

唐代著名诗人王昌龄曾被贬为龙标（今怀化洪江西）县尉。李白知道后，非常同情他的遭遇，写下了《闻工昌龄左迁龙标遥有此寄》以示慰藉："杨花落尽子规啼，闻道龙标过五溪。我寄愁心与明月，随君直到夜郎西。"

（二）五溪文化与其他文化的关系

1. 五溪文化与怀化文化

怀化文化，指在怀化地区生活的汉、侗、苗等各族人民，在长期的生产生活实践中形成的物质和精神文化。它的范围仅限怀化市。

五溪文化的范围以怀化市为中心，还包括周边的邵阳、益阳、湘西自治州、张家界、铜仁、黔东南、重庆、恩施等地。五溪文化的地域比怀化文化的地域要广。

一般而言，五溪文化可指怀化文化，也包括湘西文化、桂北文化、黔东文化、渝东南文化和鄂西文化，怀化文化包含五溪文化。

2. 五溪文化与湘西文化

湘西文化，指大湘西地区（含怀化、湘西自治州、张家界）的各族人民在历史发展过程中形成的文化。

可以说，湘西文化与五溪文化重合度很高，只是侧重点不同。湘西文化侧重湘西自治州和张家界市，五溪文化侧重怀化市。

3. 五溪文化与湖湘文化

湖湘文化，指生活在洞庭湖及其以南、湘江流域的各民族人民，在长期的历史发展过程中，创造的各种物质和精神文化的总和。湖湘文化以汉民族文化为主体，涵盖当地其他少数民族文化。

从历史发展过程看，五溪文化与湖湘文化有着密切联系。战国时期的楚国在湖湘地区设置"黔中郡"，秦统一六国前后，"黔中郡"中心逐渐转移到大湘西地区，其中一种说法认为，黔中郡辖区涉及今天的湖南怀化、湘西自治州、常德，贵州黔东，后扩展到鄂西、川东、两广等地区。

西汉时期，湖湘地区隶属于荆州刺史部，管辖范围很广，设三郡（桂阳郡、武陵郡、零陵郡）、一国（长沙国）。

明朝时，湖湘地区属湖广省，设湖广都指挥使司（武陵山区的土司均属其管辖）。

清朝康熙年间，湖南地区的行政被设置为"湖广右布政使司"，后改为"湖南布政使司"，其地域范围与今天的大致相同，并正式称为"湖南省"。

五溪文化与湖湘文化在历史上具有独立性，由于历代的行政变迁及管辖范围的改变，五溪文化与湖湘文化又建立了紧密联系。今天，五溪文化是湖湘文化的组成部分。

第二篇
物种天堂，人文宝库

　　五溪地区自然环境十分独特，地形以丘陵为主，山中盆地、高山台地、良田沃土、悬崖峭壁等交错丛生，姿态万千，是物种的天堂。这里的民族多样，几十个民族源远流长，来往密切，杂居交融，和谐相处，形成了独具特色的五溪文明。本篇主要介绍五溪地区的地形地貌、生物物种等自然环境，以及民族迁徙、变迁等人文发展情况。

一、物种天堂

五溪地区处于我国地势第二级阶梯到第三级阶梯的过渡地带，位于亚热带的中间地带。这里山岭逶迤，森林密布，沟谷纵横，溪河交错，动植物物种极其丰富。特别是雪峰山脉一带，海拔从几十、百余米到两千余米，聚光聚能特征鲜明，光照充足，雨水丰沛，植被垂直分布特征明显，物种丰富，是我国少见的"生物物种遗传变异活跃区"，成为极具魅力的"生物基因库"和"物种天堂"。以下从五溪地区的角度且以怀化地区为例，进行阐述。

（一）五溪地区的自然环境

1. 五溪地区地形地貌

五溪地区处湖南省沅水中上游，地势西高东低，属我国地势第二级阶梯到第三级阶梯的过渡地带，是典型的山区丘陵地貌。境内地形复杂多样，有崇山峻岭，沟谷深壑，缓坡陡崖，高台盆地。五溪地区的海拔跨度很大，最低海拔在沅陵县界首，只有 45 米；最高海拔在贵州梵净山主峰凤凰山，高达 2572 米。

2. 五溪地区气候和植被

五溪地区处于亚热带季风气候区。这里的气候特点是夏热冬温，四季分明。温度方面，一般最热月份在 7 月、8 月，平均气温高于 22℃；最冷月份在 12 月、1 月，平均气温在 0—15℃。

五溪地区降水丰富。降水集中在 5 月、6 月，其次是 3 月、4月，年降水量达 800—1600 毫米。

五溪地区植被丰富，物种多样。其植被特点是乔木、灌木、藤木、草本植物等处于一种共生状态。乔木以常绿阔叶林、针叶林为主，常见树种有樟树、枫树、杉树、松树等。其中一些珍稀树种也生长其间，如金丝楠木、榛木、檀木等。

（二）怀化地区的自然环境

怀化地处湖南西南部，也处于我国的西南部，东邻湘中，南接广西，西连贵州，北与湘西州交界。

怀化地区是我国东部地区和中原地区通往大西南的"桥头堡"，自古以来，怀化就有"黔滇门户""全楚咽喉"的称号。

1. 怀化的地形地貌及气候

怀化处于湘中丘陵向云贵高原的过渡地带，海拔大多为 200—600 米；境内地形以高山为主、丘陵次之，山水相间，比较复杂。怀化又处武陵、雪峰两大山脉间。

怀化属于亚热带季风气候。基本气候特点是夏季炎热，冬季微寒，光热充足，雨量充沛，四季分明。这里年平均气温为 17.4℃，年降水量 1600 毫米，无霜期 280 天左右，年日照时数在 1320 小时左右，非常适宜农作物生长。

2. 怀化的植被及品种

据统计，怀化森林覆盖率达 71%，比湖南省森林覆盖率约高出

11 个百分点，是全国九大生态良好区域之一，是国家南方重点林区。

怀化植物资源丰富，种类繁多，称得上"植物基因库"。已查明全市植物资源 225 科 900 属 3716 种，列入国家重点保护野生植物的达 38 种，占全省入选国家重点保护野生植物品种总数的 82.6%。其中国家一级保护植物达 7 种，如中华水韭、红豆杉、南方红豆杉、银杏、珙桐等。国家二级保护植物达 31 种，如桫椤、黄杉、樟树、红椿、榉树等。

怀化药用植物丰富，品种多，质量优。现查明全市有药用植物 2340 种，约占全省药用植物种类的 65%。在全省的 245 种中药重点植物中，怀化就有 171 种，约占 70%。

怀化的药用植物有名的有靖州茯苓、雪峰天麻、新晃黄精、新晃龙脑樟、新晃五倍子和芷江白蜡等。其中，靖州是全国最大的茯苓生产加工基地，交易量占全国的 70%，出口量占全国的 60%。雪峰天麻的天麻素含量是国家药典标准（含量 0.25%）的 3—4 倍，出口量为全国第一。在新晃发现了我国第一株富含右旋龙脑的野生樟科植物，改写了我国不产龙脑的历史，同时新晃还是"中国五倍子之乡"。芷江白蜡有着多年的生产历史，芷江白蜡的产量占全国白蜡产量的一半。

3. 怀化的动物

怀化陆生野生动物种类繁多，飞禽走兽、虫蝶等丰富。脊椎动物中，两栖纲的有青蛙、大鲵等；爬行纲的有龟、蛇等；鸟纲的有竹鸡、野鸡、乌鸦等；哺乳纲的有狸、野羊、野猪等。无脊椎动物中，昆虫纲的有蜜蜂、蝴蝶等；蛛形纲的有蜘蛛、蝎等。属国家一

级保护动物的有白颈长尾雉、穿山甲、林麝等；国家二级保护动物
有猕猴、水獭、大灵猫、苏门羚、苍鹭、大鲵、虎纹蛙、红腹锦
鸡、游隼等；省级保护动物有雉鸡、灰胸竹鸡、黑斑蛙、眼镜蛇、
银环蛇、翠鸟、小云雀、红嘴相思鸟、金翅鸟、果子狸、刺猬、中
华竹鼠等。

二、人文宝库

五溪地区的少数民族众多，自古以来就是中华民族的组成部分。只不过这里地处偏僻，到处都是崇山峻岭、密林深谷，交通极为不便，并不是理想的繁衍生息之地。远古先民之所以在这里生存繁衍，或者是因为族群弱小、势力单薄，无法与强大的族群争得良田沃土，只能在这样的险恶环境中求得生存；或者是因为部族战败，失败的族群被迫离开富庶的家园，往便于躲藏的边远山区转移；或者是因为受到迫害，为了家族延续，迁徙到穷乡僻壤；或者是因为奉命率部平乱戍边，一直留驻在这里。

基于种种原因，这里的各民族交织在一起，或独立，或融合，形成了独具特色的地方文化。

五溪地区的历史复杂多变，人文样式多姿多彩。这里以怀化地区为例，来介绍五溪地区的人文发展情况。

（一）五溪（怀化）地区的行政演变

远古：据《禹贡》载，为九州之荆州地，远在旧、新石器时期，就有先民于此繁衍生息。

商周时期：称为五溪。

春秋：属楚巫中地。

战国：属楚黔中郡地。

秦汉：秦时属黔中郡，汉时属武陵郡。具体来看，秦设黔中郡、洞庭郡，距今 2200 多年；汉设武陵郡；三国还属武陵郡，但亦称五溪地区。

隋：大部分为辰州（属沅陵郡）。

唐：称属有辰州、巫州、沅州等。

宋：属荆湖路（沅州），称属有叙州、辰州、晃州、鹤州、锦州等。宋朝开始设立"怀化砦"，即"怀柔归化"之意，怀化名称由此而来。

元：属湖广省，五溪地区由沅州路、辰州路、靖州路等管辖。

明：五溪地区主要由一府二州管辖：一府为辰州府，二州为靖州、沅州；属湖广布政使司，设有怀化驿。

清：主要管辖为二府一州一厅，二府为辰州府和沅州府，一州为靖州直隶州，一厅为晃州直隶厅。属"湖广右布政使司"，"湖南省"的名称开始使用。清 1664 年，以洞庭湖为界，洞庭湖以北为湖北行省，洞庭湖以南为湖南行省。湖南也称"三湘"，在"三湘"地区，秦有湘县，晋有湘州，得简称"湘"。五溪地区的怀化属湖南省沅州府。

民国：除其他县名外，增设怀化县。

1949 年：设会同、沅陵专区，分管今怀化市及周边凤凰、泸溪、绥宁等地。

1954 年：撤销了芷江专区，成立了黔阳专区。

1970 年：黔阳专区改称黔阳地区。

1975 年：黔阳地区搬迁榆树湾，榆树湾改为怀化镇，之后称怀化县。

1981 年：黔阳地区改称怀化地区。

1997 年：怀化地区改称怀化市，之前的县级怀化市分为鹤城区和中方县。

（二）五溪地区的民族迁徙概况

1. 蚩尤后裔

（1）上古时期：中原有两大部落，蚩尤部落（也称九黎部落）主要居住在黄河和长江中下游；炎黄部落主要居住在黄河中游。

《史记·五帝本纪》载："蚩尤作乱，不用帝命。于是黄帝乃征师诸侯，与蚩尤战于涿鹿之野。"相传蚩尤兵败以后，一部分族人向南迁徙，后来被称为"三苗"或"苗蛮"。"三苗""苗蛮"的活动范围大致在今天的湖南和江西。

（2）尧舜禹时期：尧舜时期对蚩尤后裔三苗继续进行征战，三苗被迫分化，一部分向西迁徙"以变西戎"，一部分被迫南迁。至大禹时期，继续攻打三苗，三苗战败，一部分臣服华夏部落，一部分迁入西部山区，即今湘西、贵州一带。

（3）商周时期：三苗的主要居住地区在今天的湖北、湖南等地，他们分为不少部落，都被称为"荆蛮""蛮荆"。他们十分活跃，四处征战，对商周王朝构成威胁，商周王朝多次讨伐荆蛮。在商周王朝的打击下，荆蛮一部分被迫归服，一部分向西南迁徙。归服的荆蛮建立了楚国，与周朝达成联盟，因参与武王伐纣而位列诸侯，并不断占领广大蛮地；另一部分蛮人继续西迁至今天的湘、粤、黔等诸省。

（4）春秋战国时期：向西南迁徙的荆蛮在以武陵山脉为中心的地区建立巴国，被称为"巴蛮"或"巴人"。巴国主要分布在今渝、鄂交界地带，以武陵山区为中心，夹在楚国（东边）和蜀国（西边）之间。战国时期，秦国不断南征，古巴国与古蜀国均被秦国将领司马错所灭。巴国灭亡后，巴人被迫分散，有一部分南迁至湘西地区，与当地人杂处，构成"武陵蛮"的一部分。

（5）秦汉三国时期：在武陵地区生活的武陵蛮、五溪蛮、澧水蛮、黔安蛮等族群，不断受到征战与排挤，与中原王朝或战或降。三国时期，武陵蛮等进入强盛时期，势力达湖北东部和河南南部。

（6）唐宋时期：这一时期人口流动减少，但武陵蛮等族群与西南族群则加强了交往。这一时期，生活在武陵山脉一带的武陵蛮或五溪蛮的族群开始分化，逐渐形成苗、瑶、仡佬、土家等族群，以族群形式散居在武陵山脉的广大地区，武陵地区和五溪地区民族开始形成，这一地区的民族格局由此基本成形。

2. 盘瓠后裔

传说在五帝时期，五帝之一的帝喾是黄帝的曾孙。因出生于高辛（今河南商丘市高辛镇），也被称为高辛帝。他女儿辛女养有一只毛色五彩斑斓的狗，名叫盘瓠。因犬戎国吴将军作乱，高辛帝发下话去：谁斩下吴将军首级，就奖给他无数财宝，并将公主辛女嫁给他。盘瓠知道后，前往敌营，咬下吴将军首级得胜而归。高辛帝虽然高兴，但不情愿许配女儿，于是盘瓠带辛女远走高飞，来到今泸溪县白沙镇的沅水绝壁上的岩洞生活，并生下了六男六女。盘瓠和辛女准许他们相互结为夫妻，建立家业，繁衍后代。盘瓠和辛女成为今天苗、瑶、黎等族的祖先。

3. 武陵蛮、五溪蛮

如前所述，生活在武陵山地区的人民被称为"武陵蛮"，"五溪蛮"这个称呼约在两汉时期产生。

他们可能就是蚩尤或盘瓠的后人，也是巴人的后人。他们后代世居在武陵山区和五溪地区，形成今天苗、瑶、土家、仡佬等民族。

4. 侗族来源

侗族主要居住在湘西南、黔东南和桂北等地区，这些地区大部分在五溪境内。不同的时期，侗族拥有不同的称呼，如黔中蛮、武陵蛮、峒蛮、峒人等。新中国成立后，为了梳理民族成分，才将上述各种称法统一为"侗族"。

关于侗族的来源众说纷纭，其中一种传说认为人是卵生的。侗族古歌《侗族祖先哪里来》中写道："四个龟婆在坡脚，它们各孵蛋一个。三个寡蛋丢失了，剩个好蛋孵出壳。孵出一个男孩叫松恩，聪明又灵活。四个龟婆在寨脚，它们又孵蛋四个。三个寡蛋丢失了，剩个好蛋孵出壳，孵出一个姑娘叫松桑，美丽如花朵。就从那时起，人才世上落。松恩松桑传后代，世上的人儿渐渐多。"这种"卵生"传说，反映了侗族先民对人类起源的最初认识。

关于侗族的来源，还有"外来说"和"土著说"等，不同的地域又有所区别，具体表现如下：

（1）古越人（江浙）后裔。

春秋时期，越国曾称霸中原，后兵败楚国，臣民被迫南迁，一部分到岭南（主要在广西北部）定居。由于秦、汉、隋、唐等王朝不断对岭南派兵征伐，其中一部分古越人向西或西北迁到"武陵蛮""五溪蛮"生活的地区，他们聚居在一起，生活、交往并且婚配，逐渐形成了今天的侗族。

（2）来自广西梧州。

大约隋唐时期，侗族族群主要居住在湘、桂、黔交界的地区。明代史籍记载，侗族分布广泛。他们生活的地域，南部到达广西梧州，西部到达贵州中部，北部到达洞庭湖畔和重庆东南。《天下郡国利通军》说："苍梧县（今属广西梧州市）有猺（瑶）、狪（侗）。"

（3）来自江西。

明太祖时期，为了管辖边境少数族群，在侗族地区，他们利用原有长官司，让"随军有功"者担任土司，来管辖这些地区，并实行"屯堡制度"（屯堡，军队住地和移民住地的合称），这些人大都是来自江西吉安府的汉人。从宋朝开始，到元、明、清几百年，汉人特别是江西汉人不断在今侗族地区落脚，相互通婚，代代相传，久而久之，逐渐演变为今天的侗族。

（4）土著说。

居住在武陵山地区的原住民被称为"武陵蛮""黔中蛮""五溪蛮"，还被称为"僚"。《北史》载："獠（僚）者，南蛮之别种，自汉中达于邛（今天的四川西昌一带）、笮（今四川汉源一带）、川洞之间，所在皆有。种类甚多，散居山谷，无氏族之别，又无名字，所生男女，唯以长幼次第呼之。"这里所称武陵蛮、黔中蛮、五溪蛮、僚，都是官方对这些族群的侮辱性称谓，这些族群中包括了侗族的先民。

《三江志》载："土著则苗、瑶、侗、壮而已，其人自称夷，志所谓西南夷也。"

（5）百越人后裔。

百越，今天的两广地区。《百越源流史》认为西羌（今陕甘一带）一些支系中的"令人"，其一部分"令支"向南迁移，沿沅水流域分别在湘西、黔东、桂北等地居住下来。百越逐渐消失后，到魏晋南北朝时期，流居到这些地区的人被称为"僚人"。明《赤雅》说："侗亦僚类。"

综合上述分析和史料，侗族来源与形成，应该是以古越人为基础，融合了相关少数民族族群，才形成了今天的侗族。

（三）五溪地区的民族构成概况

五溪地区不是一个行政区域，它包括湘桂黔渝鄂五省（直辖市、自治区）的周边地区，共几十个县市。这里，我们参照全国第七次人口普查（2020）的数据，对五溪地区的几个主要市、州的民族构成情况作一个概括性的介绍。

怀化市：总人口 458.76 万。共有侗族、苗族、瑶族、土家族、彝族、景颇族、怒族等 46 个少数民族，人口 183.5 万，占总人口 40.0%。其中侗族 80 万，占总人口 17.4%；苗族 72 万，占总人口 15.7%；土家族 15.5 万，占总人口 3.4%。

湘西自治州：总人口 248.8 万。共有土家族、苗族、侗族、瑶族、回族、白族等 42 个少数民族，人口 192.75 万，占总人口 77.5%。其中土家族 107.8 万，占总人口 43.3%；苗族 83 万，占总人口 33.4%。

张家界市：总人口 151.7 万。共有土家族、白族、苗族、回族等 33 个少数民族，人口 117.1 万，占总人口 77.2%。其中土家族 95.1 万，占总人口 62.7%；白族 10.6 万，占总人口 7.0%；苗族 2.57 万，占总人口 1.7%。

黔东南州：总人口 375.86 万。共有苗族、侗族、布依族、水族、瑶族、壮族等 32 个少数民族，人口 301 万，占总人口 80.1%。其中苗族 159.7 万，占总人口 42.5%；侗族 110 万，占总人口 29.3%。

铜仁市：总人口 329.85 万。共有土家族、苗族、侗族、仡佬族、布依族、羌族等 31 个少数民族，人口 232.5 万，占总人口 70.5%。其中土家族 120 万，占总人口 36.4%；苗族 50 万，占总人口 15.2%；侗族 37 万，占总人口 11.2%；仡佬族 11 万，占总人口 3.3%。

第三篇

滇黔门户，生态福地

　　五溪"扼西南之咽喉而控七省"，自古以来是我国中原、东部地区通往大西南滇黔以及东南亚国家的主要通道。不论是从地理位置，还是从人文环境来看，它都是不可多得的风水宝地。特别是改革开放以来，五溪地区特别是怀化地区，成了连接我国中东部地区与西部地区的交通枢纽。本篇主要介绍五溪地区特别是怀化地区的重要地理区位、交通发展和生态宜居等方面的情况。

一、滇黔门户

五溪地处中国西南部，以湖南西部、西南部为中心，辐射周边湘桂黔渝鄂广大地区，是我国中原、东部地区通往大西南的主要通道。怀化地区则是这一地区的黄金水道——沅水中上游（五溪）的中心地带，所以，五溪地区特别是怀化地区，成了连接中原、东部地区与大西南的咽喉要道。怀化因其重要的地理位置，成为"全楚咽喉""滇黔门户"。

1998 年，中国科学院院士叶大年来到怀化考察，运用他的环形空洞理论进行分析并认为：以怀化为中心，周边 350（±50）千米为半径画一个圆环，贵阳、重庆、宜昌、长沙、柳州等都在圆环上，这说明怀化对周边地区具有良好的辐射功能，具有崛起为湘桂黔渝鄂周边五省（直辖市、自治区）中心的潜能。

（一）古时黄金水道

1. 沅水通达地区

（1）沅水是古代南方水上"丝绸之路"。

自古以来，沅水是我国西南地区的水上交通大动脉。千百年来，人们从中原、东部地区出发，来到洞庭湖，逆沅水而上，沿着清水江等水路，在天柱、镇远等地下船，赶着马匹，带着货物，沿古驿道往西南进入云南，前往缅甸、泰国、印度，以及东南亚其他各国家。

东方的丝绸、瓷器等货品，通过这条黄金水道进入大西南，再经由陆路到达国外。

镇远沅阳河桥上，有一座魁星阁，柱子上有一副对联这样写道："枋船万里通六诏，五溪烟水下三湘。"这真实地道出了五溪地区发达的水运情形。

（2）沅水繁忙的过往。

①新石器时代。

在洪江高庙遗址出土的陶器上，发现了装饰豪华、艺术精湛的风帆船和双身画舫。这表明，早在新石器时代，五溪流域地区的先民，就有了水路运输工具——船。

②战国时期。

1957年在安徽寿县出土鄂君启错金青铜节（相当于通行证），这是战国时期楚怀王发给受封在湖北鄂城（今鄂州市）的鄂君启的水陆通行符节。符节规定了鄂君启往来鄂城及周边的水路、陆路交通路线等情况，水路涉及今长江、汉水、湘江、沅江、资江、澧水等水系。这说明了在战国甚至更久远的年代，沅水航道便是上接云贵、下达洞庭、东连江浙、西通巴蜀的交通要道。

③明清时期。

明清时期，五溪地区的经济有明显发展，沅水成为上通滇黔川、下达江浙闽广的交通要道。沿岸集镇密布，商埠兴盛。西南药材、朱砂、木材、桐油，溯沅水进入洞庭湖，一直到达江浙一带。江浙海盐、布匹、纱绸、药品逆流而上，沿途销售。

④抗战时期。

抗战时期，南京、武汉等相继失守，沅水成为人员、物资运往西南后方的通道。

2. 沅水沿岸重镇

沅水中上游沿岸商埠、集镇众多，具体有沅陵、浦市、洪江、黔城、托口、芷江、镇远、凤凰、乾州、王村、里耶、靖州等。

（1）沅陵。

沅陵在古时一直是五溪地区的政治、经济、文化中心。春秋战国时期（2000多年前），沅陵属楚国黔中郡，郡所在今黔中郡村（原称窑头）。汉高祖五年（前202），废除黔中郡等，设置武陵郡沅陵县。汉高后元年（前187），长沙国王吴芮之子吴阳被封为沅陵顷侯，并且建立沅陵侯国。南朝陈太建七年（575）设沅陵郡，在隋朝的开皇九年（589），废除沅陵郡，改为辰州，隋末又称沅陵郡。唐贞观元年（627），沅陵为江南道辰州，贞观二年（628），唐太宗钦赐在沅陵修龙兴讲寺。

（2）洪江古商城。

洪江古商城坐落在今洪江区内，紧邻沅水岸边，位于沅水、巫水的交汇处。

洪江古商城的历史非常悠久。它起源于春秋，最早是一个驿站，在唐代开始兴建，在明清时期达到鼎盛，是我国保存完好的明清时期的古商城之一。由于其具有资本主义萌芽时期的元素，如商业总号、分号，也有商号总管掌柜，还有股份制雏形等，于是洪江古商城被称为中国资本主义萌芽时期的"活化石"。

洪江古商城鼎盛时期，生意辐射全国大部分地区，特别是东部地区。全国18个省区、24个州府、80多个县的商人游客汇集于此。商城主要经营西南地区（主要是五溪地区）木材、桐油、药材、山货和江浙食盐、布匹等。可以说是灯火万家，人员熙攘，船排满江，热闹非凡，曾被称为"小南京"。

这里至今仍保存着明清建筑 30 万平方米，这些是江南古建筑的经典之作。这里有"七冲八巷九条街"道路格局，密密麻麻不规则地分布在古商城内，还有 380 余栋明清窨子屋组成的古建筑群。整个建筑群顺沅水西畔岸边依山势而上，比较紧密地建筑在并不平坦的沟沟坎坎上。街巷大多狭窄，纵横不过三里。在这密集的古商城里，据统计有 17 家报馆、15 家钱庄、10 大会馆、44 个经商码头，还有上百个各式店铺、近千家各类作坊，书院、邮局、镖局、衙门等，应有尽有。

（3）镇远古城。

镇远古城地处云贵高原与东南丘陵的过渡地带，位于贵州东部、沅阳河旁，是中原进入滇黔的必经之道，素有"滇楚锁钥、黔东门户"之称。

镇远历史悠久，秦昭王三十年（前 277）在这里设县，距今已经有 2000 多年。汉高祖五年（前 202）在此设县。宋宝祐六年（1258）赐"镇远"之名，这是"镇远"一名的开始，一直沿用至今。镇远是古代中原前往缅甸、老挝、印度的必经之地。在镇远城东祝圣桥上，曾有一副对联这样写道："扫尽五溪烟，汉使浮槎撑斗去；劈开重驿路，缅人骑象过桥来。"现在镇远留有古驿道 5 条、古街巷 8 条、古石码头 12 处、古民宅 33 座、古建筑（宫、殿、庙、祠等）50 余座。

（二）今日立体交通

随着经济的快速发展，五溪地区的交通也快速发展，呈现出立体交通的格局。而怀化市作为周边各省市的交通枢纽，呈现出高速发展的趋势。

1. 怀化——火车拖来的城市

原怀化县县政府所在地，原称"榆树湾"。相传古时，河边生长着一棵参天古榆树。有一天，一位商人路过这里，突遇大雨，他于是到树下洞内躲雨，发现洞内有异样，于是小心地往里前行，结果越走越亮，用不了多少时间，竟然到了武汉。

榆树湾原属芷江，民国三十二年（1943）新设怀化县，县地泸阳（原怀化砦），于是把榆树湾划归怀化县管辖。1949 年，中华人民共和国成立后，怀化县迁址到榆树湾。

榆树湾本来是一个很小的地方，紧靠沅水河边，人口稀少，街上只有一条东西方向的小石板路。沈从文 20 世纪 20 年代当兵在此一带停留，后来还写了一篇名为《怀化镇》的散文。

后来，国家因发展需要，非常重视西南地区的交通运输建设。从 1970 年开始，湖南省政府先后组织了百万筑路大军，首先修建湘黔铁路，然后修建枝柳铁路。湘黔铁路于 1972 年全线通车，枝柳铁路于 1978 年通车，它们在怀化交汇。

经过四十多年的快速发展，怀化的人口和城市面积都有了突破性发展。今天，它已经成为湘桂黔渝鄂周边地区重要的交通枢纽和物资、信息、技术调配流转中心，成为辐射周边五省（直辖市、自治区）的 50 多个县、约 9 万平方公里、1500 万人口的广大区域。

2. 立体交通网络

（1）水运。

　　五溪地区水网密布，溪河纵横，一直是古代西南地区的黄金水道。由于陆空交通的快速发展，以及水电的快速发展，今天五溪地区的水道航运已经退居次要位置，只在短途运输中还在为当地人们服务。

　　（2）飞机。

　　目前怀化的民用机场是芷江机场。芷江机场建成于1942年，它是因抗日战争的需要而兴建的。二战期间，这里曾是盟军远东第二大机场。陈纳德带领的美国志愿航空队"飞虎队"，曾以芷江为基地与日军作战。2005年，因为社会经济发展需要，芷江机场重新进行维修整理，予以使用，成为民用机场。芷江机场现通航城市有长沙、北京、上海、天津、深圳、昆明、三亚、海口、西安、济南、青岛、南宁、成都、泉州等。

　　（3）高铁。

　　目前，怀化有张吉怀高铁、沪昆高铁、怀邵衡快铁等线路经过，高铁站有怀化南站、溆浦南站、芷江站、麻阳西站等。

　　（4）国际班列。

　　从2018年开始，怀化开启了火车国际班列时代，已开通怀化到中欧、中亚、南亚等数条国际货运班列，如怀化—白俄罗斯明斯克、怀化—伊朗德黑兰、怀化—俄罗斯莫斯科、怀化—乌兹别克斯坦塔什干、怀化—老挝万象等线。

　　（5）高速公路。

　　怀化目前有沪昆、包茂、杭瑞、长芷、绕城、怀铜、黎靖、靖武等高速公路。其中绕城高速全省仅长沙和怀化具有。怀化的高速公路发展非常迅速，总里程达700千米以上。

　　（6）国道。

怀化有 G209（南北方向）、G320（东西方向）、G319（沅陵—常德）等国道，纵贯南北，横跨东西。

（7）新怀化西编组站（货运）。

新怀化西编组站（图 3-1）地处怀化市区西部，于 2020 年年底建成开通，由原来的怀化西站搬迁重建而成。它是我国西南地区最大的火车编组站，占地 5700 亩。有到达线十几条，调车线三十几条，目前是全国十大编组站之一。

图 3-1　新怀化西编组站

（8）怀化国际陆港。

为进一步融入国家"一带一路"建设，2022 年，怀化国际陆港正式成立，湖南怀化经济技术开发区更名为怀化国际陆港经济开发区。这是湖南首个国际陆港经济开发区，也是湖南唯一面向东盟的国际货运集结中心。目前，怀化国际陆港已开通三条面向东盟的国际物流大通道，怀化成为我国中部地区首个实现中老（中国—老挝）、中越（中国—越南）国际班列双向开行的城市，并计划将怀化国际陆港建成为我国中西部地区一流国际陆港。

目前，怀化已成为全国性综合交通枢纽中心城市，突出特征是陆路交通发达，怀化现正在向现代商贸物流中心城市迈进。

二、生态福地

五溪地区的中心是怀化地区。今天的怀化地区自然环境优越，气温气候适宜，光照充足，植被物种丰富多样，空气质量优良，水量充沛，水质良好；怀化的道路交通四通八达，已经初具水、陆、空立体交通格局，人们出行及物流越来越便捷通畅；怀化的社会经济发展也日新月异。怀化，正逐步成为祖国西南地区的宜居城市。

北纬27°线横穿怀化地区，这条线周边区域是我国自然风景多姿多彩的地带。而怀化山区丘陵的地形特征，以及亚热带季风气候区的因素，使本地区山水风光秀丽，植被覆盖率超过70％。区内绿树葱茏，植物、动物种类繁多，是典型的生态绿色宝库。全市已查明的植物资源有225科900属3716种，一些珍贵植物生长其中，如中华水韭、红豆杉、银杏、珙桐、金丝楠木等。怀化是我国南方重点林区，杉木、马尾松和楠竹都生长于此。

怀化市的环境质量总体良好，据统计：全市环境空气质量优良，平均优良天数比例达到了94.5％，有10个县市排名全省二十之内。$PM_{2.5}$、PM_{10}（可吸入颗粒物）平均浓度为29微克/立方米和46微克/立方米（标准：$PM_{2.5}$优0—35微克/立方米）。1—11类水质100％达标，湿地保护率80.03％，沅水流域怀化段水质为优，生态环境状况总体为良好，声环境质量为较好，森林覆盖率为71％，居全省第一；降水pH月均值为4.78—7.59，6个县没有酸雨，包括溆浦、辰溪、麻阳、芷江、新晃、通道。全市生态环境质量是 82.14，为"优"，其中鹤城、麻阳为"良"。

目前，怀化有国家、省级自然保护区二十余处，包括自然保护区、森林公园、湿地等，其中国家级两处，它们是沅陵借母溪国家级自然保护区和会同鹰嘴界国家级自然保护区；有林业用地 203.27 万公顷；有湿地面积 6.97 万公顷，其中湿地保护面积 5.58 万公顷。

怀化市委市政府一直以来大力实施生态文明建设，着力打造"五省边区生态文明中心城市"，确立了"建设生态宜居城市"的战略目标。"十一五"期间（2006—2010 年），怀化就被评为全国九大生态良好区域；"十二五"期间（2011—2015 年），怀化被命名为国家级生态示范区。2015 年，怀化市成为生态文明示范工程试点城市；2018 年被评为"全国十佳生态文明城市"。目前，怀化有三个国家级生态文明建设示范县，它们是通道、鹤城、新晃；有一个国家"绿水青山就是金山银山"实践创新基地，它是靖州苗族侗族自治县；有十个省级生态文明建设示范县（市、区），它们是通道、新晃、洪江市、洪江区、沅陵、溆浦、麻阳、鹤城、靖州、芷江。

现在，怀化市正着力实施国家森林城市建设的七大工程，这七大工程包括：道路绿化提质工程、城市增绿造景工程、乡村绿色美化工程、森林资源保护工程、森林质量精确提升工程、百亿产业建设工程和森林文化建设工程。

同时，怀化市委市政府正全面实施"三城一区"建设，将把怀化市打造成为中国西南地区的生态、宜居、交通、物流、信息的中心城市。

第四篇
文明典藏，创世传说

　　五溪文化源远流长，底蕴深厚。这里，既有人们所熟悉的传说、人物故事，也有人们比较陌生的历史故事，有些史迹成为我们了解五溪文化的一扇窗户。比如，在史学界，对神农炎帝故里的讨论就有几种观点，其中"黔中说"认为神农炎帝出生在怀化会同的连山，五溪的苗族同胞认为他们的祖先是炎黄时期的蚩尤，瑶族同胞认为他们的祖先是盘瓠……五溪山高水深，孕育了不少中华文明，让我们对五溪的文明史产生了全新的认识。本篇主要介绍五溪的考古文明、传说故事、书院故事和土司制度等方面的情况。

一、考古文明

五溪地区人文历史悠久，根据考古发现和有关史料，这一地区不仅有保存完好的洪江高庙遗址，还有诸多其他历史遗迹。如，被喻为秦朝社会"百科全书"的里耶秦简的发现，大大填补了史料的空白。沅陵黔中郡窑头遗址，展示了五溪地区的政治社会环境。其他还有中方高坎垄遗址、辰溪征溪口遗址、靖州斗篷坡遗址、新晃遗址群等，它们共同展现了五溪先民在农耕、祭祀、社会演变等众多方面的成果，是中华文明的重要组成部分。

（一）高庙遗址

1. 地址

高庙遗址位于洪江市岔头乡岩里村，地处沅水岸边的一级台地上。（图 4-1）

2. 挖掘时间

1985 年发现，1991 年、2004 年、2005 年三次挖掘。

3. 基本情况

遗址面积约 3 万平方米，遗址堆积厚度达 5 米，上层距今 6300—5300 年，下层距今 7800—6800 年。遗址出土了石器、玉器、陶器、动物骨头、象牙等各类遗存万余件，在此发现了祭祀场所、人工建筑痕迹、人体骨架、墓地、生活器具、工艺制作和刻画、图腾等，展示了旧、新石器时代五溪先民的生产生活的多彩画面。2006年，高庙遗址被列为全国重点文物保护单位。

图 4-1　高庙遗址

4. 发现

（1）发现了迄今为止时间最早、规模最大的祭祀场所。高庙遗址拥有不同的文化层，古老的文化层距今约 7000 年，面积约 1000 平方米，有人祭坑 1 个，牲祭坑 30 多个，具体分主祭场建筑、议事和休息的房子基地、有窖穴等。

（2）发现了精美白陶罐片。陶片上刻有凤鸟（东方神鸟）、獠牙兽、太阳纹、八角星纹等图像。其图像由简单的戳印篦点（用篦状工具在未干的陶土器上刻印）连缀而成。在白陶罐上刻画的凤鸟一只是正面，一只回首侧视，栩栩如生、多姿多彩。

（3）在石器上，发现了稻谷和薏米的淀粉粒，这是五溪地区最早的稻作遗存。

（4）发现了距今 7400 年的完好屈肢葬（将死人身体弯曲下葬）女性人体骨架，骨架下有一床碳化竹篾垫子。竹垫纹路经纬分明，有规则方孔，工艺精湛，篾片薄如纸，与现代篾片无异，在没有金属利器时代，能削得如此薄、织得如此均匀，令人叹为观止。

（5）发现了距今 5700 年的一座部落首领夫妻合葬墓。男性胸前有象征权力的玉钺和石刨形斧，女性胸前有白玉璜两件、玉玦一件。

（6）发现大量螺壳、蚌壳和猪、牛、象、鹿、熊、犀牛等动物骨骸，部分骨骸有火烧痕迹。

（二）黔中郡遗址

1. 地址

黔中郡遗址也称窑头古城遗址，位于沅陵县黔中郡村（原窑头村）。（图4-2）

2. 基本情况

该遗址于 20 世纪 50 年代发现，距今约 2500 年，处在沅水岸边的台地上，占地面积达 11 万平方米，

图 4-2　黔中郡遗址（窑头古城遗址）

是一座规模宏大的古城址。现有夯土城墙、夯土台基和护城河遗址，出土了大量秦砖汉瓦和鬲、钵、壶、铜戈、铜剑等器物，发掘遗存众多，各类器具（包括生活器具和作战器具）制作精美。

在黔中郡遗址的东南面小山坡上，留存下来 40 余座巨型战国至汉代的墓穴，此外，还有战国、汉代平民墓穴 1000 多座。

这一浩大的秦代城池和古墓，勾勒出了中国一定时期的历史画卷。

3. 意义

考古证明，窑头古城是战国时期和秦朝黔中郡郡治所在地。黔中郡历史悠久，可追溯到战国时期，它见证了奴隶社会终结和封建社会兴起的历史。它是战国时期秦、楚反复争夺的生死存亡之地。公元前 280 年，秦将司马错攻取黔中郡，之后楚国夺回。公元前 277 年，秦将白起、张若第二次攻占该地。

（三）里耶秦简

1. 地址

里耶秦简发现于湘西龙山县里耶镇。

2. 基本情况

里耶秦简于 2002 年被发现，位于里耶镇秦时的迁陵县衙的一座古井里。此前，各地出土的秦简不到 3000 枚，而里耶出土了38000 多枚，字数达 20 余万，是秦代迁陵县官署的档案文书。（图 4-3）

里耶是一座历史久远的古城池，在秦朝时期是洞庭郡下辖的迁陵县县治所在地。据《史记》记载，秦朝设有 36 郡。而里耶秦简中还出现了洞庭郡和苍梧郡，这是之前史料中不曾提及的。

里耶地处西水中游，西可达乌江流域和重庆涪陵，沿西水东南而下可达楚南咽喉沅陵，地理位置十分重要。

3. 发现

从里耶秦简里，考古人员主要发现了下列史迹。

（1）在原史料载秦 36 郡的基础上，又发现了洞庭郡和苍梧郡。

（2）发现自京城咸阳到洞庭郡迁陵的邮路里程表，这表明秦统一中国政令畅通。

（3）发现洞庭郡公文下发到迁陵县的程序，以及迁陵丞行文诘问下级情

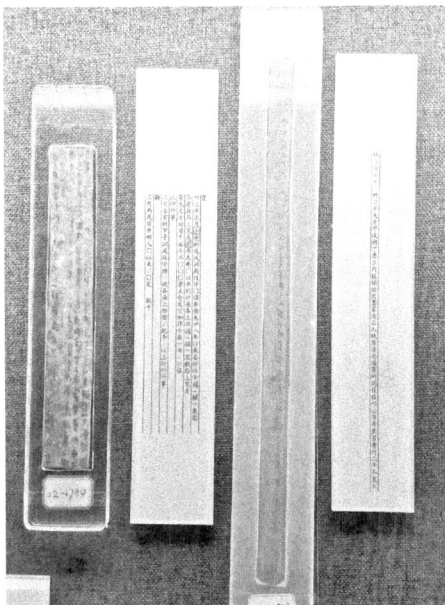

图 4-3　里耶秦简

形，这使我们能够了解到当时地方行政的设置及官员督查情况。

（4）出土一件迁陵守丞向上级的报告，请示认定一宗奴隶买卖是否合法，这证明秦朝存在奴隶买卖现象。

（5）发现了 24 枚户籍简。户籍简上记录人口住址、身份、爵位、姓名等，一个家庭内按户主、男性、成年人、女性、未成年人的顺序排列，并且奴隶也纳入户籍管理，这让我们可以从中窥见秦朝严密的户籍制度。

（6）发现了迄今为止我国最早的乘法口诀表实物。先秦典籍《管子》《荀子》等提到了我国古代就已经产生了"九九"乘法口诀，可是一直没有实物证明。在里耶秦简中，"九九"口诀完整地刻在一块木简上，这有力地证明了典籍中的说法。

（7）发现迁陵（里耶）设有军需仓库，这些军需产品发往益阳、常德等地。

里耶秦简比较全面地展现了秦朝社会生活的画面，堪称秦朝社会的"百科全书"。

二、传说故事

在五溪地区，神话传说比比皆是，流传着神农炎帝在会同连山出生、苗族的祖先是蚩尤、瑶族的祖先是盘瓠、侗族的祖先是萨岁、土家族的祖先是八部大王等传说。

（一）炎帝故里——会同连山

据《晋书》卷九十二《文苑传·伏滔》载，炎帝生于"黔中之地"，因炎帝又号"连山氏"，故人们认为炎帝生于湖南会同连山。现代学者阳国胜也认为会同连山是炎帝故里。

传说炎帝生于"常羊山"，而在怀化会同就有常羊山。在《山海经》里，说"常羊山"在"洞庭山首"的南方，而会同就在其南方。

古籍认为"常羊山""有金山""大巫山"三山并存。人们根据史料调查发现，会同连山有"常羊山"，其南面城步有"大巫山"，其东南面隆回有"有金山"。因此，"炎帝故里会同说"的证据更加充分了。

（二）蚩尤后裔

传说中，蚩尤是西南地区苗、土家、仡佬、瑶等少数民族的始祖。蚩尤的传说广泛存在于苗族地区，那里的人们对蚩尤十分敬仰。

传说蚩尤、黄帝都是中华始祖。5000 多年前，以蚩尤为首领的"九黎"部落与以黄帝为首领的犬戎部落大战，蚩尤部落失利。蚩尤部落族群经过五次大迁徙，由北向南、西南，在今贵州、湖南、云南、湖北、重庆、广西等地定居下来。这些地区的大部分与五溪地区相重合，因此可以说五溪地区是苗族的最大居住区。

以前，武陵山、雪峰山地区的苗族自称"果熊"，尊称蚩尤为"阿着尤"。在湘西花垣县（苗族占当地总人口的80％）有西水支流古河，今天称为古苗河，据传是蚩尤带人开凿的，河边紫霞山下有座"苗王坟"，传说是蚩尤的陵墓。

苗族歌谣《祖先歌》："苗族的祖公名叫蚩尤……蚩尤吹一口气，就能把山吹走；蚩尤怒吼一声，星星也会发抖。"歌词中饱含着苗族人民对蚩尤的歌颂。

（三）盘瓠辛女传说

五溪地区的瑶族，尊盘瓠、辛女为始祖。在沅水泸溪一带，有盘瓠洞、盘瓠庙、辛女村、辛女岩、辛女山、辛女峰、辛女桥、辛女庵等十几处以盘瓠、辛女命名的地方。

有人统计，在麻阳境内发现过 18 座盘瓠庙，其中漫水、新营、茅坪、袁郊、陈家坡 5 座保存完好。漫水村（县城上游处）有一座完好的盘瓠庙（明永乐二年 1404 年始建），大门上方有一木刻浮雕《五福临门图》：中间盘瓠是龙头、狗耳、鹿身、虎爪、狮背、狗尾，形似瑞兽麒麟，周围环飞四只蝙蝠。神龛上供三个石刻碑位：中间是盘瓠大王，两侧分别是伏波大王（水神）、四官大王（财神）。

在湘西泸溪，也有一座盘瓠庙。（图 4-4）当地有不吃狗肉的习俗。逢年过节，一些地区仍保留着这样的祭祀传统，即人们会供奉一只木刻光身狗，其或一群人抬着光身狗到田间举行游走仪式。

《后汉书·南蛮西南夷列传》载："昔高辛氏有犬戎之寇，帝患其侵暴，而征伐不克。乃访募天下，有能得犬戎之将吴将军头者，赐黄金千镒，邑万家，又妻以少女。时帝有畜狗，其毛五采，名曰盘瓠。下令之后，盘瓠遂衔人头造阙下……帝大喜，而计盘瓠不可妻之以女……女闻之，以为帝皇下令，不可违信，因请行。帝不得已，乃以女配盘瓠。盘瓠得女，负而走入南山，止石室中……经三年，生子一十二人，六男六女……自相夫妻……其后滋蔓，号曰蛮夷。"

《武陵记》载："山半有盘瓠石室，可容数万人……遥见一石，似狗形，蛮俗相传云，是盘瓠像也。"今湘西境内有一座山叫威武山，与《武陵记》中的描述大体相似。这座山的半山腰有一个洞窟，当地人们称其为"祖先的大门"。

（四）侗族女神——萨岁

在侗族的传说中，龟婆是他们的始祖，龟婆生蛋孵蛋，结果孵出了一双儿女松恩和松桑，两人成亲，繁衍侗族后代。

侗族称他们的始祖女神为"萨岁"，译为汉语是"始祖母"的意思。以前，通道黎平一带侗族供奉女神"萨岁"，由此产生了许多萨神。床头女神叫"萨高降"；桥头女神叫"萨高桥"；制酒女神叫"萨宾"；等等。

（五）土家族先祖——八部大王

八部大王也称八部菩萨，是土家族传说中的远古祖神。

相传，八部大王的母亲吃了神仙赐给她的八粒仙丹，怀了三年

图 4-4　泸溪盘瓠庙

六个月的身孕，之后生下兄弟八人。父亲以为他们是怪物，把他们
丢弃到深山，幸好得到凤鸟和母虎（或龙母）照顾抚养，他们长大
后成了巨人。他们带领土家族人四处征战，征服其他族群，不断扩
大地盘，在湘西建立了属于土家族人的家园。

　　还有另一种传说，说八部大王的母亲吃了神仙赐予的茶叶，结
果怀了孕，生了八个儿子和一个女儿。儿子们长大后，个个是英雄
好汉，女儿长大后，则做了酉长的夫人。后来，酉长请他们八兄弟
建宫殿，发现他们个个本领高强，心生嫉妒，想加害他们。他们识
破了阴谋，放火烧了宫殿，各自回到山寨，成为号召一方的头领。
后来，酉长的部落遭到外敌入侵，酉长无计可施，只好向八兄弟求
助。八兄弟深明大义，全力相助，击退外敌。酉长忘义，拒绝兄弟

借房屋居住的要求。八兄弟一怒之下，烧了酋长的宫殿，酋长因此一蹶不振，八兄弟却被拥戴为八个部落的酋长。这八人就是后来被土家族人敬奉的八部大王。

在保靖碗米坡镇沙湾村的庙堡，曾建有规模宏大的八部大王祖庙。祖庙建筑面积约为 3200 平方米，庙前酉水环绕，门额上的门匾写着"八部大王"，门上的对联写着："勋猷垂简篇驰封八部，灵爽式斯土血食千秋。"进入庙门，是摆手堂（用来祭祀和跳摆手舞的场所），可供 300 人舞蹈，最后的大殿供奉 3 米高的八部大王塑像。以前，每到正月初三到十三，这里都会举行庙会，邻近保靖、龙山、永顺、秀山、酉阳、来凤、松桃等县的土家人，会前来拜谒祖庙。庙会时，气势非凡，掌坛的梯玛（土司）在牛角声中，用土家语唱《梯玛神歌》，所有参加庙会的人一起唱和。

三、书院故事

因为特殊的地理位置，五溪地区的经济、物质、文化的交流繁盛，由此产生了书院文化。如始建于唐贞观二年（628）的沅陵龙兴讲寺，是唐太宗御批的佛教寺院，其一大功能就是用来教化当地人民，是我国保存完好的佛教寺院之一。明代著名理学家、思想家王阳明受邀在该寺院驻留，并收徒讲学。明末著名书画家董其昌在此留下"眼前佛国"的墨宝。通道恭城书院始建于北宋崇宁四年（1105），院址在通道县溪镇罗蒙山下，原称罗蒙书院，后来被一场大火烧毁了，于清乾隆年间重新修建，更名为恭城书院。南宋嘉定年间，著名理学家魏了翁被贬靖州，在此地主持修建了鹤山书院。很多学子远道而来，听他讲学。他在此培养了大批人才，并且写下了著名的《九经要义》。位于贵州锦屏的龙标书院（建在隆里古城旁），相传为唐代大诗人王昌龄被贬龙标时所建，它是贵州最古老的书院。北宋初期，在今洪江黔城，也建有一个龙标书院。龙标书院开始被称为黔阳义学宫，清朝时改名为龙标书院。在洪江黔城，还有一个宝山书院，也是北宋时期所建，现被列为国家文物保护单位。建于明代的潕溪书院（今吉首大学师范学院内），曾是明代苗族宿儒吴鹤兴学讲学的地方。由清代贵州黔东兵备道吴自发组织兴建的三潭书院，建在今凤凰县吉信镇的一个山头上，是苗疆地区的最大书院。此外，还有建于清嘉庆年间的新晃舞阳书院（今龙溪书院）等。

（一）二酉藏书

二酉，是一个地名，在今沅陵县城西北 15 千米的二酉乡乌宿村。关于"二酉藏书"的传说，历史上有多个不同的版本。

相传黄帝南巡时，曾于此山藏书。尧舜时期的大善人善卷，因避舜帝禅让帝位，隐居于此山，同时守护黄帝的藏书，并且用这些典籍教化当地百姓。

据专家考证，在辰溪县沅水下游处，还有一座大酉山，也叫钟鼓山，现当地人称之为唐家坡。相传西周穆天子南巡，来到此山中，藏书于此，死后葬于大酉山。因此《湖广通志》有道："周穆王陵在辰溪县钟鼓山。"

另外，历史上还有秦朝儒生伏胜在焚书坑儒之际，将家藏一千余册古籍经典装上马车，从咸阳出发，日夜兼程，往南奔逃，到达洞庭湖后，换下马车，乘上木船，沿沅水逆流而上，来到了二酉山，将这些书籍藏在了二酉山中的石洞中。汉朝建立后，古籍经典受到重视。伏胜又将这一千余册古籍经典带走，赶赴京城长安，满朝文武官员得知此事，无不感动。此后，历朝历代达官显贵、文人墨客，对二酉山无限向往，不惜千里迢迢来到二酉山及藏书洞寻古朝圣，烧香作揖，顶礼膜拜。

《辞源》对"二酉"是这样解释的："二酉，指大酉小酉二山，在今湖南沅陵县西北。"《太平御览》卷四九引南朝盛弘之《荆州记》曰："小酉山石穴中有书千卷。相传秦人于此而学。"

在今天的二酉山中的二酉洞里，留有两块"古藏书处"的石碑。一块是清光绪年间湖南督学张亨嘉所题，一块是中华民国时期所题。

（二）龙兴讲寺

龙兴讲寺（图4-5）建于唐贞观二年（628），由唐太宗御赐修建。寺址在今天的沅陵县城，紧临沅水岸边，它是我国现存保存完好的佛寺之一。该寺院取名"龙兴讲寺"，是比喻大唐帝王基业兴旺的意思。

《尚书正义》载："'龙兴'者，以易龙能变化，故比之圣人。九五'飞龙在天'，犹圣人在天子之位，故谓之'龙兴'也。"唐太宗登基之初即在五溪地区敕建

图 4-5　沅陵龙兴讲寺

"龙兴讲寺"，有教化"西南群蛮"的用意。

龙兴讲寺规模宏大，结构紧凑。中轴线上，由下而上，建有头山门、过殿、二山门、大雄宝殿及藏经殿，寺院左右有旃檀阁、弥陀阁及东西厢房。值得一提的是，相传该寺曾藏有"千佛袈裟"一袭，为稀世之物。"朱面黄里，佛长约一寸八分，宽三分，计千数，俱五色丝线绣成，为明隆庆李太后凤娇所绣。"《沅陵县志》传袈裟上实有佛999尊，连同披袈裟长老，合为千佛，可惜后来寺内佛像尽毁，袈裟无踪。后经修缮，大雄宝殿内又塑了三座佛像。

龙兴讲寺为五溪闻名古刹，曾有不少文人学者前来瞻仰、驻留和讲学。

明代著名理学家王阳明（王守仁）于正德五年（1510）在该寺

庙停留弥月，在该寺及虎溪书院讲学，宣传他的理学，写下著名的《与辰中诸生书》，还写下《辰州虎溪龙兴寺闻杨名父将到留韵壁间》诗："杖藜一过虎溪头，何处僧房是惠休？云起峰头沉阁影，林疏地底见江流。烟花日暖犹含雨，鸥鹭春闲欲满洲。好景同来不同赏，诗篇还为故人留。"

明末礼部尚书董其昌（明代书画家）赴云南办事，返回途中经辰州（沅陵），在龙兴讲寺下榻。传说其赴云南途中，得了眼疾，船至辰州，惊动了一弥勒。他有意帮董其昌治眼病，便化作老翁，赠送董其昌一条印有佛像的绫帕，叮嘱董蘸江水洗眼，不日疾愈。董其昌归途到辰州时，宿该寺，欲将绫帕归还老翁，忽见绫帕佛像销迹，后在"千佛袈裟"看见亮眼弥勒跟绫帕上的佛像一模一样，董恍然大悟，写下"眼前佛国"四字赠予该寺示谢。

（三）鹤山书院

鹤山书院院址在今靖州鹤山小学，是南宋嘉定年间工部侍郎、著名学者魏了翁被贬靖州时修建。

魏了翁在此讲学多年，潜心学问，直到宋绍定四年（1231）他"获赦返朝"为止。他在此写下了《九经要义》，因其满腹经纶，时"湖广江浙学子，仰慕高明，不远千里，跋山涉水，负笈从学"，培养了大批人才。宋理宗时，为表彰魏了翁培育后人的德行，赐"鹤山书院"四字御书，鹤山书院因此得名。

四、土司制度

土司制度是南宋、元、明、清王朝在部分少数民族聚居地分封各族首领，世袭官职，以统治当地人民的一种制度。土司制度在明清时期因"改土归流"政策开始衰落；中华人民共和国成立后，才彻底废除。

土司制度采取"以土官治土民"的政策，利用当地酋首，以其势力所达范围，封建王朝封其官职，准其子孙世袭，主要在我国边远地区（西北、西南）实行。

土司制度表现为"归属中央，权力自治"的政治管理制度。它的特征就是世袭其职，世受其封，世有其地，世管其民，世治其所，世统其兵，世入其流。土司在其管辖地域有至高无上的权力，有管辖保护乡民之责，每年要向朝廷进贡，有征调赋税义务等。

在我国西南地区，规模较大的土司有湖北恩施唐崖土司（覃氏）、重庆酉阳土司（冉氏）、湘西永顺土司（溪州土司，彭氏）、广西忻城土司（莫氏）、贵州思州土司（田氏）等。下面以永顺土司为例进行介绍。

（一）永顺土司简介

永顺土司也称溪州土司、彭氏土司，从五代后梁开平四年（910）彭瑊被任命为溪州刺史开始，历经5个朝代，彭氏世袭28代，有35位土司王（刺史）。到清雍正六年（1728）实行"改土归流"政策时为止，长达 818 年。

唐朝末年，河南人马殷统一湖南全境（896）。后梁开平元年（907），朱温建立后梁，马殷遣使纳贡，被封为楚王（也称南楚王），号称楚。江西吉水人彭玕、彭瑊兄弟（江西吉州军阀）依附其下，马殷儿子马希范娶彭玕之女为妻。后梁开平四年（910），马殷任命彭瑊为溪州刺史，州治在今古丈县古阳镇会溪坪。当时该州管辖范围包括今古丈、永顺、龙山、保靖等，这些地方是土家族世居之地。从此，彭氏开始了对溪州的管辖，开始了湘西八百年土司基业。彭瑊开始任溪州刺史，可视作土司制度的开始，后其子彭士愁承袭。

彭士愁经营溪州近二十年，勤于州治，注重发展农业，势力日益强大，并与周边二十多个州结成联盟，形成兼并局面。势力范围包括今天的重庆酉阳、秀山，湖南芷江、麻阳、溆浦、辰溪、湘西州、张家界，湖北恩施等地。后晋年间，因为南楚王马希范治国无方，引起民怨，彭士愁趁机率领锦州（麻阳）、溪州（龙山）数万人，进攻辰州、澧州等东部地区，结果被南楚王马希范派兵击败。彭士愁感觉再战下去处境危险，于是派二子彭师杲率酋首投降。后晋天福五年（940），马、彭订立盟约，并将盟约刻在一根重达 2500 公斤的八棱形铜柱上。这次交战史称"溪州之战"，竖立的铜柱被称为"溪州铜柱"（图 4-6）。战争结束后，溪州地区开始了长达几百年的安居生活，这也是溪州土司制度的正式开始。彭士愁因此成为彭氏溪州土司的始祖，被湘西土家族人神化，被称为"彭公爵主"，明清时还为他建了很多土王庙。

彭士愁担任溪州刺史 18 年，于 956 年去世，他的儿子彭师裕继任。后来溪州下辖为永顺和保靖两州，他的两个儿子彭师裕、彭

图 4-6 溪州铜柱

师杲分别在永顺、保靖成为土司王。

永顺彭氏土司的前身为溪州，州治在会溪坪（910 年开始），管辖 30 年。后晋"溪州盟约"之后（940）迁州治到会溪坪酉水上游的古酉阳（王村，今芙蓉镇），在此管辖 190 多年。南宋绍兴五年（1135），十一世彭氏土司彭福石宠又迁司城到古酉阳酉水上游的灵溪（被称为"老司城"），在此管辖达 580 多年。清雍正二年（1724），末代土司彭肇槐又将司城从灵溪迁到其上游的颗砂（今颗砂乡），被称为"新司城"。雍正六年（1728）清朝实施"改土归流"政策，溪州土司制度至此终结，彭肇槐携族人返回江西原籍。

（二）永顺老司城简介

永顺老司城（图 4-7）坐落在酉水上游的永顺县灵溪镇，距离前司城王村（今芙蓉镇）约 50 千米，在永顺县城东北约 20 千米处。老司城在崇山峻岭之中，背靠太平山，下临灵溪河（酉水上游分支），占地面积约为 25 万平方米，外围面积达上千亩。

图 4-7　永顺老司城遗址

　　老司城繁盛时期人丁兴旺，市面繁荣，是溪州地区的政治、经济、文化中心，有"八街十巷"的宏伟规模，被描述为"人户稠密，市店兴隆"，人口密集时是"城内三千户、城外八百家"。老司城由于政治地位突出，影响范围广，史书上有"五溪之巨镇，万里之边城"的说法。老司城按使用功能分区建设，有宫殿区（首领官员居住）、衙署区（行政管理）、街巷区（集市贸易）、宗教区（祭祀场馆）、苑墅区（休闲活动）、墓葬区等。现仅存地表用卵石和红砂岩铺砌的街道、地基、墙垣、水道等遗迹，以及古墓葬群。

　　2015 年，永顺老司城、恩施唐崖土司城、遵义海龙屯土司城被联合国教科文组织列入世界文化遗产名录。

第五篇
杰出人物，时代风骚

在五溪几千年的文明史中，涌现了众多叱咤风云的时代英雄和著名人物。他们对推动历史的前进、时代的变迁、国家和民族的兴盛，以及对五溪地区的社会变迁、发展和文明进步，或产生了深刻的影响，或作出了巨大的贡献。他们中的很多人留下的宝贵财富，成了中华民族文化的宝贵财富，同时极大地丰富了五溪文化的内涵，他们使五溪地区的文明更加光彩夺目。本篇主要介绍与五溪相关古今杰出、典型人物的故事。

一、古代人物

在我国夏商之前的远古时期，五溪地区就出现了开创历史、光耀千秋的人物。传说远古神农炎帝就出生在五溪地区的会同连山；传说苗、瑶等族的祖先，就是远古时期在涿鹿大战黄帝的蚩尤；尧舜时期的大善人、"帝子之师"善卷，晚年就生活在五溪，并终老于五溪大酉山；战国时期，伟大的爱国主义诗人屈原，被流放后曾在五溪地区停留，留下了《离骚》《九歌》等著名诗章。

此外，南宋著名理学家魏了翁，明朝著名理学家、思想家王阳明，著名书画家董其昌，均在五溪土地上留下美名。出生于五溪的名人可谓灿若星河，他们有明朝清官满朝荐，明朝黔东南进士第一人、布政使官员周瑛，明朝翰林大学士、湖广总督何腾蛟，明朝太子太保、兵部尚书田仰，明朝教育家田秋，清朝书法家周冕、周以湘、王道行、严寅亮，清朝名将、果勇侯杨芳，清朝黔省帝师第一人孙应鳌，清乾隆帝师潘仕权，侗戏祖师吴文彩，清末名将田兴恕，等等。

（一）屈原（约前340—约前278）

1. 屈原简介

屈原，战国时期楚国秭归人，曾任楚国左徒、三闾大夫。他是伟大的爱国主义诗人，我国古代浪漫主义诗歌开创者和奠基人，

"楚辞"的创立者,被誉为"辞赋之祖""中华诗祖"。他的主要作品有《离骚》《橘颂》《九章》《山鬼》《国殇》《天问》等。

2. 屈原在湖南的足迹

湖南在战国时期属楚国之地。屈原当年被流放,其足迹踏遍了长沙、益阳、常德、怀化、岳阳等地。

3. 屈原在五溪的足迹

据屈原的作品推测,他大约从常德进入五溪,其行程大约为经沅陵、泸溪到辰溪、溆浦,最后到达汨罗江。

屈原生命的最后十几年,大部分在沅水流域中下游度过。其中有些诗作,反映出沅水流域的地理环境和风土人情,如《涉江》《山鬼》等。

(二)杨再思(869—957)

杨再思,湖南靖州人,"七字杨"始祖,号称"十峒首领",于唐末咸通十年(869)出生,后周显德四年(957)去世,享年88岁。也有史料说其于唐咸通元年(860)六月初六出生,后周显德元年(954)十月二十六日去世,享年94岁,死后葬于黎平县长岭岗。他是唐末五代时期诚州(今靖州)刺史,被封为威远侯、英惠侯、英济侯、广惠侯等,并被称为"飞山蛮""飞山太公"等。

唐朝末年,藩镇割据加剧,北方常战乱,老百姓的生产生活遭到严重破坏。当时叙州(今会同、城步、绥宁、洪江等地)一带侗苗各族在首领潘金盛、杨再思的领导下,社会安定,百姓生活稳定，社会逐渐兴盛，形成了以飞山（今靖州）为中心的"飞山蛮"集团。

唐朝末年，马殷通过南征，占据湖南。后来他向梁太祖朱温纳贡，被封为楚王。潘金盛和杨再思商议，不依附马殷，而是遵守唐朝制度，各据叙州一部，互为声援，以此来抗拒马殷的统一。梁开平五年（911），马殷派遣部将吕师周征讨叙州，击败潘金盛，并将其斩杀。杨再思觉察败局已定，为了保全性命和势力，率其部向楚王马殷投降，马殷准许，并把杨再思封为诚州刺史。

之后，杨再思采取既不奉梁也不附楚的战略，表面依附马殷，实际上仍使用唐朝年号，所辖村寨仍然使用唐规、唐款，从而在西南地区建立了继续忠于唐朝的割据藩镇。因为对唐朝忠诚，立有功勋，被后唐封为诚州刺史、左仆射尚书。

唐末五代时期，战火连天，天下纷乱，人民身处水深火热之中，杨再思管辖的诚州却社会、政治、经济安定，人民安居乐业。后来，宋朝统一天下，他带领诚州各族人民归顺大宋朝廷，精心治理管辖地域，使诚州境内社会稳定。他因功勋卓著，后来被先后追封为威远将军、英惠公、英惠侯、威远侯等。

杨再思管辖诚州时，将他的十个儿子分封为各地酋长，建立"峒制"。他的十个儿子被称为"十峒蛮酋"，他便成了"十峒首领"。同时，为了便于管理族群，他以"再、政、通、光、昌、胜、秀"七字作为他的族群辈分等级，推行封建分封制度，促进了社会安定发展、民族团结融合，诚州进入了兴盛时期。他的势力范围不断扩展，管辖地域达湘桂黔相邻的湘西南、桂西北、黔东南等广大地区。

杨再思所制定的"再、政、通、光、昌、胜、秀"七字派辈分等级，成了天下"七字杨"的杨姓分支，而且是中华杨氏的重要支系。杨再思因此成了"七字杨"（或叫"靖州杨氏"）的始祖，也成了湘黔一带侗族、土家族杨姓开族先祖。而今，以杨再思为始祖的"靖州杨氏"遍布湘、黔、桂、渝、川、滇等大西南地区。

杨再思死后，湘、黔、桂、滇、川、渝等地的人民为了表达对他的敬重和崇拜，奉其为神灵，在所属地域建了不少"飞山庙""飞山宫"以祭祀。最早的是宋元丰年间始建于飞山顶上的"飞山庙"，后又在飞山脚下建杨再思总庙，总庙在今靖州城内。以靖州为中心的杨氏族人，在农历六月初六（生日）和十月二十六（忌日）这两个时间里，都会从四面八方赶来靖州，举行庙会以示纪念。（图5-1）

图 5-1　靖州杨再思庙

（三）王守仁（1472—1529）

王守仁，浙江余姚人，字伯安，号"阳明"，后世多称"王阳明"。明代著名思想家、文学家、教育家和军事家，官至兵部尚书、光禄大夫等。文人学者等仰慕他的才学，称他为"阳明先生"，其学说被称为"阳明学"。他精通道家、儒家、佛家，是"陆王心学"（"陆"指南宋理学家陆九渊，"王"即王阳明）的核心代表人物。

"心学"是一门源于儒家学说的学派，其思想核心是"致良知"，主要强调人的本心作为道德主体，通过人自身内心的感悟，去制定道德法则和伦理规范。也即人的心理就是这个世界的本质和主宰，人要发自内心去认识"理"的存在，这就是"心"，即理，也是"知"，并且必须付诸实践，省察内心，通过"知行合一"，实现"致良知"的根本目的。

明朝正德元年（1506），宦官专权，贻误国事，王阳明因在朝堂仗义执言，结果被廷杖四十，投入大牢，然后被贬谪到偏远的贵州龙场驿（今修文县）当一个小小的驿丞。为此，王阳明两度经过辰州（今沅陵）。

第一次，王阳明于正德二年（1507）在赴贵州龙场驿的途中经过辰州，时年30多岁。

他到达辰州后，学子冀元亨等慕名拜望，投其门下。王阳明到了罗旧驿（今芷江公坪），留下诗作《罗旧驿》："客行日日万峰头，山水南来亦胜游。布谷鸟啼村雨暗，刺桐花暝石溪幽。蛮烟喜过青杨瘴，乡思愁经芳杜洲。身在夜郎家万里，五云天北是神州。"

王阳明在龙场驿度过了两年时光，思想上发生了变化，他通过对《大学》的领悟，形成了"知行合一"的哲学思想体系的雏形，他在这一时期写了"教条示龙场诸生"，被称为"龙场悟道"。

正德四年（1509），王阳明贬谪期满，得以离开贵州龙场驿，赴江西庐陵（今江西吉安）任知县，第二次经过辰州。

他行到镇远，乘舟沿沅水而下，在沅水舟中度过除夕，写下了两首七律《舟中除夕》："扁舟除夕尚穷途，荆楚还怜俗未殊。处处送神悬楮马，家家迎岁换桃符。江醪信薄聊相慰，世路多歧漫自吁。白发频年伤远别，彩衣何日是庭趋？""远客天涯又岁除，孤航随处亦吾庐。也知世上风波满，还恋山中木石居。事业无心从齿发，亲交多难绝音书。江湖未就新春计，夜半樵歌忽起予。"

正德五年（1510）春节后，王阳明沿沅水经溆浦、大江口、辰溪，到达辰州，下榻龙兴讲寺。他在此停留达一月，见到了蒋信、冀元亨、唐愈贤等门生，并在此讲学，讲"龙场悟道"所得——"良知之学"。临近行期时，王阳明听说好友杨子器（字名父）要来辰州，而自己即将离开，他深感遗憾，于是写下《辰州虎溪龙兴寺闻杨名父将到留韵壁间》一诗，并将它留在辰州龙兴讲寺："杖藜一过虎溪头，何处僧房是惠休？云起峰头沉阁影，林疏地底见江流。烟花日暖犹含雨，鸥鹭春闲欲满洲。好景同来不同赏，诗篇还为故人留。"

离别辰州后，王阳明不舍辰州各位门生，在归途中写下了著名的《与辰中诸生书》，论述他的为人与治学思想，阐释坚定圣人之志，成就为己之心。原文如下：

"谪居两年，无可与语者。归途乃得诸友，何幸何幸！方以为喜，又遽尔别去，极怏怏也。绝学之余，求道者少；一齐众楚，最易摇夺。自非豪杰，鲜有卓然不变者。诸友宜相砥砺夹持，务期有成。近世士夫亦有求道者，皆因实德未成而先揭标榜，以来世俗之谤，是以往往隳堕无立，反为斯道之梗。诸友宜以是为鉴，刊落声华，务于切己处着实用力。前在寺中所云静坐事，非欲坐禅入定。盖因吾辈平日为事物纷拏，未知为己，欲以此补小学收放心一段工夫耳。明道云：'才学便须知有着力处，既学便须知有着力处。'诸友宜于此处着力，方有进步，异时始有得力处也。'学要鞭辟近里着己''君子之道暗然而日章''为名与为利，虽清浊不同，在其利心则一''谦受益''不求异于人，而求同于理'，此数语宜书之壁间，常目在之。举业不患妨功，惟患夺志。只如前日所约，循循为之，亦自两无相碍。所谓知得洒扫应对，便是精义入神也。"

嘉靖二十三年（1544），为了纪念王阳明在辰州的讲学事迹，他的门生——时任辰州郡丞的徐珊在沅陵县城西的虎溪山上组织修建了虎溪精舍，紧邻龙兴讲寺西侧。明崇祯时期改名阳明书院，后来在清代经几次复修，至清雍正十一年（1733）改名虎溪书院。现为1986年在原址上的仿原式建筑，用作沅陵县博物馆陈列室。

（四）满朝荐（1561—1629）

满朝荐，字震东，号"汝扬"，出生于麻阳县兰里镇一户穷人家庭，官至太仆寺正卿，明朝清官、净臣。他10岁入私塾，25岁中举人。因家境贫寒，无钱送人，虽满腹文章，却考了六次，直到明万历三十二年（1604）43岁时才中进士，次年授任陕西咸宁知县，在任两年。万历三十五年（1607），因与权倾朝野的宦官魏忠贤党徒、陕西矿税总管梁永斗争，遭诬陷下狱。万历四十一年（1613），经大学士叶向高等人营救出狱，但被罢官归耕，回到老家，达七年之久。万历四十八年（1620）复官，任南京刑部郎中，熹宗天启元年（1621），熹宗朱由校即位，起用人才，满朝荐被任用，先升任尚宝司丞，九个月后再升任尚宝司少卿、正卿。天启二年（1622）四月，因辽东失地、国事维艰，满朝荐对熹宗上奏"时事十可忧，七可怪"本，获得熹宗朱由校嘉许，升任太仆少卿。同年八月，满朝荐因朝政散乱，上奏"颠倒"本，激怒熹宗，被批"罢官归耕，永不录用"，再次回到麻阳。崇祯元年（1628），朝廷重新起用人才，满朝荐又被重用，并升任太仆正卿。可惜这时他已经重病在身，不能赴任。崇祯二年（1629）满朝荐去世，享年

68 岁。

满朝荐从政前后共 24 年，其中有 19 年或被罢官，或被入狱，或被流放，实际任官只有 5 年多。他却因刚正不阿，为民请愿，一身正气，两袖清风，成为明末著名的诤官和清官。

（五）潘仕权（1701—1772）

潘仕权，字三英，号龙庵，中方县人，生于清康熙四十年（1701）。

潘仕权幼时不仅聪明过人，而且勤于学业，读书用功且过目不忘。尤其在天象、八卦、数、音律等方面学识渊博，均有精深研究，著有《大乐元音》《学庸一得》《洪范补注》等书，尤以音律著作《大乐元音》最为有名。在京城任钦天监博士、太常寺博士，后授钦天监（相当于国家天文台台长），主要掌管占卜、星象、礼乐方面的事。

乾隆十一年（1746），潘仕权回到家乡后，再也没离开荆坪，而是兴办私塾，从事教育，直到乾隆三十七年（1772）去世。（图 5-2）

图 5-2　中方荆坪潘氏祠堂

二、现当代人物

在我国近现代史上，五溪地区的名人荟萃，星光灿烂，他们在民族存亡大业、民族文化发展等方面或功勋卓著，或独有建树，或影响一方。他们中有民国时期政治家、教育家熊希龄，北伐名将王天培，现代著名作家沈从文，当代著名美术家黄永玉，革命先驱向警予、刘晓，共和国元帅贺龙，共和国第一大将粟裕，革命先辈周逸群、旷继勋、滕代远，上甘岭战斗英雄、特等功臣龙世昌，以及解放军上将廖锡龙、外交部副部长戴秉国等。

（一）贺龙（1896—1969）

贺龙，湖南桑植洪家关人，字云卿，曾用名有贺文常、贺平轩、贺振家等。伟大的无产阶级革命家、军事家，中国人民解放军的创始人之一，卓越的中国人民解放军高级将领，1955年被授予中华人民共和国元帅军衔。

（二）向警予（1895—1928）

向警予，湖南溆浦人，土家族，原名向俊贤，小名九九，无产阶级革命家，中国妇女运动的先驱和领袖。（图5-3）

（三）粟裕（1907—1984）

粟裕，湖南会同人，侗族，无产阶级革命家、军事家，被誉为

"常胜将军"。1955 年被授予大将军衔和一级八一勋章、一级独立自由勋章、一级解放勋章。（图 5-4）

图 5-3　向警予雕像

图 5-4　粟裕故居

（四）沈从文（1902—1988）

沈从文，湖南凤凰县人，字崇文，原名沈岳焕，笔名有上官碧等，我国著名作家，历史文物研究者。

沈从文 14 岁投身行伍，1923 年来到北京，因经济拮据和报考落榜，在北大旁听，开始文学创作。1931 年至 1933 年，他在国立青岛大学任教。1934 年完成《边城》。抗战时期，由于北京大学南迁，他随之到西南联大（昆明）任教，1946 年回到北大。中华人民共和国成立后，他由北京大学转到中国历史博物馆，改为研究文史，在中国历史博物馆和中国社会科学院历史研究所工作。其间完成了《龙凤艺术》（1960 年）、《中国古代服饰研究》（1981 年）等著作。1988 年 5 月，沈从文在北京病逝，享年 86 岁。

沈从文的人生经历了三个大的阶段：一是 1917 年至 1922 年的军旅生活，二是 1923 年至 1947 年的文学创作和大学任教生活；三是 1949 年开始的文史（主要是中国古代服饰研究）工作。

1. 沈从文在文学方面的主要贡献

（1）文体上：创造了诗意的抒情小说文体。他把诗和散文、小说巧妙地结合起来，打破了三者的界限。他的小说语言优美，内容充满了诗情画意，生活气息浓郁，大大扩展了小说的表现力和审美功能，体现了小说文体具有千变万化和不拘一格的可能性。

（2）内容上：创造了一个特异的"湘西世界"。他从湘西人的视角出发，将湘西山水风光、风土人情融为一体，赞美湘西的山水风光、淳朴民风和古雅风俗，以及湘西的那一份淳朴和恬静。这与 20 世纪 30 年代主流文学以阶级、阶层的观念来审视社会有很大的不同，具有开创性。

2. 沈从文文学创作与历史研究的主要成果

沈从文的小说作品主要有《石子船》（短篇）、《月下小景》（短篇集）、《边城》（中篇）、《长河》（长篇）等。其中，《边城》因其取材神秘湘西，文风清新，影响最大，位居 20 世纪中文小说排行榜第二位（《亚洲周刊》评），仅次于鲁迅的《呐喊》。

沈从文的散文集主要有《记胡也频》（散文集）、《记丁玲》（传记散文）、《湘行散记》（散文集）、《湘西》（散文集）等。散文主要有《友情》《时间》《月下》《白云》等。

中华人民共和国成立后，沈从文由文学创作转向文史研究，重点研究中国古代服饰。他写的《中国古代服饰研究》，花费了他晚年大量心血，历时 15 年完成，是一部系统研究考证中国古代服饰文化的学术专著。该书最早出版于 1981 年，至今还是该领域的经典著作。

3. 《边城》简介

小说以 20 世纪二三十年代的湖南湘西为背景。在湘川黔交界的茶峒（今边城）白河（酉水河）边，住着一户人家，独门独院，屋舍古朴简陋。屋里只有爷爷（老船夫）和外孙女翠翠一同生活，还有一只黄狗。（图 5-5）

茶峒这个小镇的白河航运业中，有个船总叫顺顺，他有两个儿子：老大叫天保，为人豪放，性情豁达；老二叫傩送，长相英俊，细腻聪明。有一年端午节，翠翠去看龙舟比赛，偶遇傩送，彼此一见倾心，互生爱慕。

图 5-5　边城风光

可巧的是，老大天保也爱上了翠翠。因为傩送英俊聪明，当地团总对他也很有好感，想把女儿许配给他。而傩送为人纯朴，不慕虚荣，并不喜欢团总的女儿，宁要贫苦美丽的翠翠。可是傩送兄弟俩都喜欢翠翠，兄弟俩约定，不按当地决斗论胜负方式求爱，而是用唱山歌方式表达爱情，然后由翠翠选择。而天保知道唱歌不如弟弟傩送，心灰意冷，独自悄悄离家远行。当晚河边只听到了傩送唱了一夜的山歌，却没了天保的歌声。后来人们得知，天保乘船远行时，被水淹死了。

事情发生后，码头船总顺顺因此对老船夫冷淡相待，而老船夫却因操心外孙女婚嫁，主动去问傩送。傩送因为哥哥天保之死而责怪老船夫，心生内疚，心事重重，干脆自己也下桃源去了。老船夫得到这些消息，郁闷地回到家中。漆黑的夜晚，电闪雷鸣，下起了大雨，老船夫和翠翠爷孙俩各自默默躺在床上，怀揣忧虑的心事，听那凄凉的雷声雨声。第二天，翠翠起床，来到白河边，发现爷爷的船被大水冲走了，屋后山上的白塔也倒了，惊恐之中去找爷爷，结果发现爷爷已经在床上死去……

老军人杨马兵非常同情翠翠的不幸遭遇，来到翠翠身边做伴。他继续做老船夫的事业，天天在白河上摆渡，和翠翠一起等待傩送的归来……

第六篇

人文景观，千秋胜地

　　五溪地区在古代是我国西南地区的交通要地，沅水是当时的交通要道，同时这里又是多民族杂居之地，这样的人文环境，加上崇山峻岭、溪河密布、植被丰富等各种因素，产生了多样化的生态环境和独特的人文样式。这里的建筑独具特色，这里的村落古朴纯净，这里的民族服饰异彩纷呈。走进五溪，你会看到如诗如画一般的独特风景。本篇主要介绍五溪地区的传统建筑、古村古镇和民族服饰。

一、传统建筑

五溪地区盛产木材，尤其盛产杉木和马尾松，还有其他可用于房屋、桥梁等建筑的木材，又因其他建筑材料难以运输进来，所以，五溪居民自古以来善于利用本地资源建造房屋、桥梁、庙宇等。

五溪地区的民居大都是木屋，或者是以木材为主体的建筑。这种用全木材作为建筑材料的房屋，大都建在平地上，基本样式按几柱几挂几扇来确定它的大小规模。木屋防水屋面有一层或两层的，一层房屋顶上设计成"人"字形屋面，两层的还在走廊外围第一层楼上建一层檐面，一般建在木屋正面。建在斜坡上的木屋，在斜坡低处，根据斜坡高低将木屋的木柱延长，形成吊脚楼。木屋主要用杉木作为材料，少量用松木或其他树木。木屋很少使用铁钉等金属材料，大多采用榫卯结构。这便是五溪地区木屋的特色。

五溪地区还有一种房屋样式就是窨子屋，它是明清时期产生的，因整栋房屋四周围墙封闭、屋顶似印而得名。围墙材料为砖、石灰等，围墙内房屋材料全为木材。这种房屋的特点是造型呈方桶形状，结构紧凑，安全性好，多建在街市。

五溪地区还有一类特殊的建筑，就是鼓楼、风雨桥和石桥。鼓楼建在村寨中便于人们聚集的地方，是村落人们聚集休闲、聚会的主要公共场所。风雨桥建在溪河交通要道上，桥面建有防雨木屋建筑，以供人们歇息、避雨、乘凉，故称风雨桥。石桥建在溪河交通要道上，全用石块垒砌而成，桥面大都没有遮盖建筑，如果有，就是风雨桥了。

此外，五溪地区还有众多庙宇、宫祠，如接待同乡的会馆（天后宫、万寿宫），祭祀土地神的土地庙，祭祀水口神的水口庙等。

（一）楼屋桥亭

1. 吊脚楼

吊脚楼广泛存在于五溪地区的侗、苗、土家等民族的生活区域。它历史悠久，应是先民穴居向巢居发展的结果。在五溪地区的高庙遗址中，其建筑已具有吊脚楼的典型风格。宋代朱辅的《溪蛮丛笑》对吊脚楼有记载："居酉长之富，屋宇之多，去地数尺，巨木排比，如省民羊栅，杉叶覆屋，名羊栅。"这里所说的"羊栅"就是五溪地区常见的吊脚楼。（图 6-1，图 6-2）

吊脚楼一般建在依山势形成的坡地。因为五溪地区山势陡峭，又盛产木材，人们于是利用陡而狭窄的山坡面修建房屋。

吊脚楼的结构一般以一排木柱及木挂（悬在木柱之间的短柱）的数量来确定其大小规模。如：三柱两挂，即每扇（排）有 3 根柱子、2 个挂子；五柱四挂，即每扇有 5 根柱、4 个挂子。柱子都是单数，中间最高，整体呈"人"字形。从高矮来看，一般柱子多的吊脚楼更高，大约高 10 米，有两到三层。从宽度（左右长）来看，吊脚楼一般是四扇，少数是六扇，也有三扇的。

图 6-1　吊脚楼之一　　　　　　　　图 6-2　吊脚楼之二

　　吊脚楼一般是悬空（外面）一排的柱子长，以陡坡决定其长短。也即最外面一排柱子伸下坡面，一般伸长一层，可以看作是吊脚楼的第一层。这一层可根据坡度及地面平坦情况使用。如果坡陡，则没有用处，如果有平坦空间，一般用来堆放杂物或作牲畜圈舍。吊脚楼第二层才是木屋正常使用的空间，是人们的主要活动场所，一般有睡房、中堂、灶屋等。第三层要根据木屋高低决定使用情况，矮的一般没有使用价值，高的则可用来存放粮食，堆放杂物，或者做客房。

　　吊脚楼既可依山形平行修建，也可与山形呈直角而建。

　　在会同、靖州、通道、黎平、锦屏、从江、三江一带，也有很多吊脚楼建在平地上。地面第一层稍矮，用于堆放杂物，还可以防蛇虫猛兽之类，第二层用于居住。

吊脚楼的第二层往往有廊道及栏杆，住户可以凭栏远眺。

在洪江、会同一带，吊脚楼的第二层和第三层处，还在廊道上方加盖一层屋面（檐），以便更好地防雨。

吊脚楼屋面以前主要用杉木皮覆盖，后来基本改用小青瓦了。

2. 侗寨鼓楼

简单来说，侗寨鼓楼是用来击鼓聚众的房子，也就是寨民聚集议事的活动场所，一般建在村寨中便于村民聚集的地方，是侗寨的特色建筑。清朝康熙年间，黔阳县令张扶翼曾在《鼓楼记》记载芷江城鼓楼："邑治旧有鼓楼，创自弘治年间，规模宏壮，巍然为一，现多岁久颓倾。"清道光十四年（1834），李宗昉在《黔记》中对黎平一带鼓楼有如下记载："邻近诸寨，共于高坦处建一楼，高数层，名'聚堂'。用一木竿，长数丈，空其中，以悬于顶，名'长鼓'。凡有不平之事，即登楼击之。寨民相闻，均带长镖利刃，齐至楼下，听寨长判之。"

侗寨鼓楼多为木质结构，是一种多边体、多层屋面的密檐式的塔形楼，一般建于寨中便于瞭望、聚集之处，高于周围的房屋。侗寨鼓楼的屋檐有三重、五重、七重，直至十五重不等，主要形状有四边形、六边形和八边形。

鼓楼多以八根、十二根或十六根长杉木作为立柱，多为榫卯结构，很少用铁钉。鼓楼大多中空，内设多层，有木楼梯连接，在对称的门柱或厅柱上刻写对联等。

鼓楼一般的作用：一是人们聚会讲款（开会议事，讲乡规民约）；二是发生天灾人祸时，击鼓聚众避险；三是休闲纳凉。鼓楼旁往往有较大空坪，便于人员聚集。

侗寨鼓楼主要出现在五溪地区的侗族地区，以及湘西南的芷江、新晃、靖州、通道，黔东南的雷山、剑河、镇远、天柱、锦屏、黎平、从江，广西北的龙胜、三江等地。

侗寨鼓楼一般单独成楼，也有几个鼓楼连接成一体的。（图6-3，图6-4）

图6-3　侗寨鼓楼——芷江

图6-4　侗寨鼓楼——通道

3. 风雨桥

风雨桥，也称花桥、福桥，主要建在侗族地区，也有建在瑶族、壮族、土家族等民族生活区域的，这些地区主要位于湖南西南、贵州东南部、重庆东南部、广西北部。

风雨桥一般以青石为桥墩，以木料建桥面桥身，用小青瓦盖屋顶，建成长廊式形状。桥墩由青石和黏合材料构成，形状有拱洞式和直墩式。桥面由粗长的木料铺就，有直排式、叠排式，桥面平坦，铺以木板。桥面用木料如木屋般建构，通道空敞，形状多样，将排扇木柱串联起来。桥面排扇两侧有栏杆和木板长凳，有的也有多层屋檐。多数木柱之间留有空档，少数在两侧用木板封装以避风。

风雨桥，顾名思义是遮风挡雨的地方。大都建造在村寨中间或附近的交通要道上，供过往行人避风挡雨、休息、休闲、纳凉之用。（图 6-5，图 6-6）

图 6-5　芷江龙津风雨桥

图 6-6　通道皇都风雨桥

4. 窨子屋

窨子屋在明清时期出现，主要分布在湖南、贵州、江西等境内，代表性的窨子屋在洪江、黔城等地。在洪江古商城旧址中，现今保留有相当完整的窨子屋 380 余栋。此外，在洪江黔城、湘西浦市、麻阳豪侠坪等地，也散布着不少窨子屋。

窨子屋也叫"一颗印"，大多呈方桶形，一般坐北朝南，也有依地势山形而建的。窨子屋四周用高墙围住，围墙的地基部分一般用石块奠基，上面用砖、石灰粉砌成，墙用白石灰涂抹，高于院内房屋，墙顶有小屋檐。围墙正面和两侧往往绘有神话人物、松柏、兰菊或其他花纹图案。围墙的入院门可以开在正面，也可以开在侧面，门框多用条石搭框。门上建有屋檐，还可以辅以雕刻。门脚有条石，入门口处或者平坦，或有几个台阶。大多入门处是露天庭院，一侧靠墙处置一口石板水缸，用来盛水或养鱼，还具有防火功能。院四周用木料建屋，有一层的，也有两层的，三层的较少，楼层用木板楼梯连接。屋面用小青瓦盖就，四周屋面往院中央倾斜，院中央形成"天井"状。"天井"一般露天采光，天井地面用石块铺就，比房屋地面稍低，以便于排水。露天地面用石块铺就，房间地面有"三合泥"（由石灰、泥、水或桐油混合而成）的，也有木板的。院内木屋做工讲究，雕梁画栋，窗门用雕花木格做成，一般雕刻花鸟鱼虫。木屋外层一般用桐油漆几次，日久，则显得乌黑。

　　窨子屋多为两进院落两层建筑，进，即门道，两进，即两层门（围墙门除外）。窨子屋进门后一般有前后两个院落，上下两层，也有三进三层，两进三层的。一层一般有中堂、睡房、灶房及杂物间，二层以住房为主。如果窨子屋在街市上，则临入门方向的房间就做成商铺，有商铺台。房间按功能分为中堂、正房、厢房、灶房、杂物房等。（图 6-7，图 6-8）

图 6-7　洪江窨子屋之一

图 6-8　洪江窨子屋之二

（二）祠堂会馆

1. 祠堂

祠堂，又称宗祠、家庙，是祭祀祖先或先贤的场所，是同姓家庭开展祭祀活动的地方，是中华宗族观念制度的产物。它对凝聚宗族人心、寻根问祖、崇尚先贤、发扬中华传统文化，起到很大的作用。

五溪地区和我国其他地方一样，遍布各姓祠堂。同时，在这里同姓祠堂也十分众多。（图 6-9）

图 6-9　中方新建杨氏宗祠

祠堂建筑风格多种多样，往往色彩斑斓，精雕细刻，外观华丽，在民居房屋中更显富丽堂皇。

祠堂的建筑结构大体包括如下几个部分。

围墙：四合院风格，四面用围墙包围，为砖、石灰结构。

正门：正门一般在四合围墙正面，正面围墙是祠堂非常重要的部分。墙面使用石灰粉涂抹，在墙壁上使用浮雕、彩绘等形式，以门框两侧和上方为中心，刻绘本族著名人物故事、中华传统经典故事（人物、神话、传说），以及禽兽花鸟鱼虫。正门上方书写"×氏宗祠""××祠""××堂"，如杨氏宗祠、武侯祠、晋祠、四知堂、诚敬堂等。在正门两侧，还常常挂有对联。

院内建筑：一般由进屋大厅、大厅两旁戏台、摆放祖宗雕像和牌位的享堂、寝堂、灶房等构成。规模上有单进（仅有一道门）、两进（有两道门）、三进（有三道门）、四进（有四道门）等。

祠堂各厅堂的功能各异。大厅处于正门入口处，中间有露天空坪，正前方配置舞台，两侧配置看台，这里用来举行族会、红白喜事就餐、看戏等。享堂，位置在大厅之后，是用来祭祀祖先的厅堂，靠里墙配置神龛，摆放祖先雕像、牌位、器具。寝堂用于摆放有名望的祖先的雕像、牌位。

祠堂结构一般有以下几类。

单进祠堂：结构简单，进门即是供奉祖先牌位的厅堂，仅供烧香祭祀之用。

两进祠堂：由祠门、享堂两大部分构成。

三进祠堂：由祠门、享堂、寝堂三大部分构成。

四进祠堂：由祠门、大厅、舞台、看台、享堂、寝堂、灶房等多个部分构成。

2. 会馆

会馆，建在异地他乡，是旅居异地的同乡人共同使用的一种馆舍，或者是同一行业从业者的聚会场所。馆舍出现在明清时期，它的基本作用是供同乡、同行聚会和寄宿。会馆的建筑没有特别要求，一般和当地屋舍风格相同。

在洪江古商城，因为外来客商多，设有40余家会馆，其中规模大的有10家，合称"十大会馆"，分别是江西会馆、福建会馆、徽州（安徽）会馆、贵州会馆、宝庆（邵阳）会馆、湘乡会馆、衡州（衡阳）会馆、辰沅（辰溪、沅陵）会馆、七属（靖州、绥宁等）会馆、黄州（湖北）会馆。

二、古镇古村

　　五溪地区是典型的山区，山川险要，这里的人们为了安全而群居，逐步形成了集镇和群居村落。这些集镇和村落保留下来，便形成了五溪地区别具特色的古镇古村群落。

　　五溪地区的古镇比比皆是，如曾因铁矿兴起的湘西浦市古镇，被称为中国商道文化"百科全书"的怀化洪江古商城，龙标治地怀化黔阳古城，第一座秦代古城湘西里耶，军事重镇黔东南镇远，政治军事重镇湘西乾州古城，溪州土司都城湘西芙蓉镇等。此外，还有湘西凤凰古城、湘西边城、铜仁古城、黔东南下司古镇、隆里古镇等。

　　五溪地区的古村落散布全境，数量众多，大小规模不一。有世界最大苗族村落西江千户苗寨（雷山），世界最大侗族村落肇兴侗寨（黎平）。此外，还有高椅古村（会同）、荆坪古村（中方）、黄溪古村（中方）、豪侠坪古村（麻阳）、明中村古村（沅陵）、阳雀坡古村（溆浦）、地笋苗寨（靖州）、岩脚侗寨（靖州）、芋头侗寨（通道）、皇都侗寨（通道）、坪坦侗寨（通道）、德夯苗寨（吉首）、苗王城（松桃）、寨沙侗寨（江口）、寨英古寨（松桃）、楼上古寨（石阡）、朗德苗寨（雷山）、谭家寨（宣恩）、杨梅古寨（来凤）等等。

（一）怀化

1. 洪江古商城

（1）洪江古商城的兴起。

洪江古商城位于沅水、巫水交汇处，被称为中国内陆资本主义萌芽时期的"活化石"和中国商道文化的"百科全书"，现为国家AAAA级景区。（图 6-10）

图 6-10　洪江古商城

洪江古商城成形于盛唐，兴盛于明清。清康熙年间，洪江由黔阳管辖。康熙元年（1662），张扶翼（安徽人）任黔阳县令。他考察当地风土民情后，发出让百姓种植油桐树的告令。在当时，桐油主要用来涂抹木船，具有良好的防腐防漏作用，用在海船上，还具有防止海螺等依附船体的功用。早年，川油一统天下（秀山有"秀油"），"洪油"的产生，使局面发生了改变。到了清末，沅水流域的"洪油"产量几乎占了全国桐油产量的一半。

沅水中上游是南方杉木主产区。明代，沅水中上游生产的杉木主要在托市（今托口）交易。明末清初，一场大火给托市造成了重大损失，而洪江处于巫水、渠水、清水江、沅水的汇合处，又有宽阔的木排停泊水面。于是，在康熙年间，洪江逐渐兴盛，成为杉木集中的停泊、编排之地。

（2）洪江古商城的格局。

洪江古商城的功能格局可以概括为馆、宫、殿、堂、庙、戏台和衙门等。

按籍贯建的会馆有宝庆（今邵阳）会馆太平宫、福建会馆天后宫、江西会馆万寿宫、贵州会馆忠烈宫、辰沅（辰溪、沅陵）会馆伏波宫、湘乡会馆广济宫、衡州（今衡阳一带）会馆新安宫、黄州（今湖北）会馆帝王宫、七属（靖州、会同、通道、绥宁、天柱、锦屏、开泰七县）会馆关圣宫、徽州（今安徽）会馆九华宫（以上合称"十大会馆"）。此外，还有长沙会馆广济宫、山陕（今山西陕西）会馆关帝宫、靖州会馆飞山宫、镇筸（今凤凰）会馆天王宫、南昌会馆洞庭宫、麻阳会馆、苏州会馆、湖州（浙江）会馆、江南（江浙一带）会馆等。

按行业建的会馆有油号业神农宫，木匠业鲁班宫，船棚女安宫，爆竹业吉庆宫，神香（祭祀用香）业宝鼎宫，纸钱（祭祀用纸）业玉蚨宫，屠宰业三义宫，米粮业炎皇宫，缝纫业轩辕宫，梨园（戏园）业老郎宫等。

庙亭寺观有灶王宫、娘娘庙（即天后宫）、药王宫、火神庙、雷祖殿、南岳殿、财神庙、洞天宫（也称玉霄宫）、五谷庙、准提庵、辰龙宫、莲花庵、高坡宫。

祠堂有贺氏宗祠、杨家宗祠、连峰祠（杂姓）等。

慈善机构有育婴堂等。

以上馆、宫、庙等，为了休闲娱乐，设有戏台，洪江古商城中共48个半戏台。此外还有太阳宫（宝庆铁匠业）、蔡伦宫（油竹篓纸业）、鲁班宫（石业）、文昌宫（印刷业）等。

（3）洪江古商城的街巷。

洪江古商城的道路布局可以概括为"七冲八巷九条街"。

"七冲"指木粟冲、打船冲、龙船冲、余家冲、季家冲、牛头冲、塘冲。

"八巷"指油篓巷、宋家巷、财神巷、三甲巷、一甲巷、太素巷、牛皮巷、红里巷。

"九条街"指鼎新街、荷叶街、米厂街、洪盛街、姜鱼街、老街、新街、鸡笼街、正街。

2. 黔阳古城

黔阳古城地处清水江和沅水汇合处，沅水的上游，隶属于今天的洪江市黔城镇，现为国家AAAA级景区。（图6-11）

黔阳古城先秦时属楚国黔中郡，秦朝沿袭。汉高祖五年（前202），这里开始置县，称镡成县，属武陵郡，唐称龙标，天宝年间改称潭阳郡，属黔中道。北宋熙宁七年（1074）设黔江，元丰三年（1080）置黔阳县。1997年，黔阳县与洪江市合并，从此称洪江

图6-11 黔阳古城

市。黔阳古城大约已有 2200 年历史，比凤凰古城早 900 年，比云
南丽江古城早 1400 年。

　　黔阳古城占地 0.8 平方千米，以南北两街为主干道，有九街十
八巷，用青石板铺路。这里明清建筑众多，衙门、商埠、会馆、祠
堂、庙宇、民居，一应俱全。这里原有五个城门，现保留最好的是
西门——中正门。保存完好的街区有商业街南正街、上河街、下河
街等。其他保存完好的建筑还有"楚南上游第一胜迹"芙蓉楼，古
龙标山上的钟鼓楼，古城对岸山上的高桥古塔赤宝塔等。除此之
外，这里还有一些书法碑刻，以及众多古墓葬群等。

3. 皇都、坪坦、芋头侗寨

皇都、坪坦、芋头这三个侗寨分别位于通道县黄土乡、坪坦乡和双江镇，均为国家 AAAA 级景区。

皇都侗寨地处通道县黄土乡，距县城西南 11 千米，由紧密相连的旧寨（头寨、盘寨、尾寨）和一个新寨组成。这里有吊脚楼 500 余栋、公共的寨门 3 个（位于头寨、盘寨、新寨）、戏台 2 个、鼓楼 2 座（位于头寨、尾寨戏台处）、风雨桥 1 座（位于坪坦河上）、凉亭 1 座（位于盘寨寨门处）等，活动项目有合拢宴、原生态侗族歌舞（如侗族大歌、大戊梁歌、多耶舞）表演等。

坪坦侗寨处通道县城西南坪坦乡，距县城 18 千米，始建于宋代，有吊脚楼、风雨桥、鼓楼、庙宇等特色建筑 300 多处。有国家级非物质文化遗产 3 项：侗戏、侗族芦笙舞、侗锦织造技艺；省级非物质文化遗产 2 项：侗族琵琶歌、侗款；市级非物质文化遗产 2 项：侗族大歌、多耶。坪坦侗寨所属的横岭村鼓楼建筑群为省级文物保护单位。（图 6-12）

芋头侗寨地处通道县双江镇，距县城西南 9 千米，始建于明洪武年间，清顺治年间曾遭火灾，有 650 多年的历史。全寨有木质吊脚楼 70 多栋，风雨桥 3 座，鼓楼 4 座，还有门楼、萨岁台、古井等。古侗寨居民几乎都是侗族，是典型的侗族山寨。侗寨的建筑以吊脚楼为主，以寨中玉带河为轴，沿山、谷依势布局。除了民居吊脚楼外，这里还有廻龙桥、牙上鼓楼、龙脉广场、龙门、古驿道、长寿井、萨岁坛等景观。

图 6-12　通道侗寨

4. 地笋苗寨

地笋苗寨位于靖州县西部的三锹乡地笋村，距县城 38 千米，全寨居民以苗族为主，属"花衣苗"的一支，现为国家 AAA 级景区。

该苗寨是苗族歌鼟发源地之一，这种无伴奏、多声部的歌鼟被誉为"原生态多声部民族音乐活化石"，有"天籁之音"的美誉。地笋苗寨歌鼟按音乐题材可分为山歌、饭歌、茶歌、酒歌、担水歌、嫁歌、款歌和三音歌等；歌词大多为七言四句，也有多句的，歌词押韵，通俗易懂；语言以三锹乡当地吴姓苗族语言为主。在修辞上，歌鼟大多采用比兴、夸张、拟人等手法，联想丰富，且富含哲理。

地笋苗寨依当地山形地貌而建，系高山"花衣苗"团寨建筑的布局，特点是吊脚楼依山就势，讲究对称，且不失参差错落。苗寨中间位置多为水井、池塘和小型广场，寨中古井、花街、石板路等遗迹尚存，入寨寨门、水边花桥、路中凉亭、鼓楼等建筑完整无缺。

5. 高椅古村

高椅古村位于怀化会同县东部的高椅乡，距县城 48 千米，现为国家 AAA 级景区。（图 6-13）

高椅古村始建于明朝，至今保留了大量明清木质民居建筑，被誉为木质古建筑的"江南第一村"和风格多样的民俗博物馆。2005年高椅古村被列为全国重点文物保护单位和省历史文化名村，是怀化古村落的典型代表，是中国十佳古村之一。

图 6-13　高椅古村

　　古村现保存的古建筑基本建于明洪武十三年（1380）到清光绪七年（1881）之间，共有明清木质古建筑 100 余栋，此外还有石板院道、古池塘等，总建筑面积 19416 平方米。

　　高椅古村坐北朝南，三面环山，南面临五溪之一的巫水，宛如一把太师椅，因而得名"高椅"。整个村子村民以杨姓为主，侗族居多。

　　6. 荆坪古村

　　荆坪古村位于中方县中方镇荆坪村，紧临沅水。荆坪古村历史悠久，在战国时期是古牂牁国的都城，叫且兰，汉高祖时期在此建潕阳县，唐宋时期被改为叙州城，清乾隆皇帝的启蒙老师潘仕权的故里就是这里，现为国家 AAA 级景区。

荆坪古村村民大多为潘姓，据说是宋朝名将潘美的后代。村内现有一座潘氏祠堂，旁边是关帝庙和纪念东汉马援的伏波宫，此外还有文昌阁、观音阁、龙凤桥、水文碑、唐代古井、节孝坊、五通神庙，以及各类历史遗址 20 多处景观。

7. 豪侠坪古村

豪侠坪古村地处麻阳县大桥江乡，当地居民以苗族为主。

豪侠坪原本是曹姓人家的居住地，当时被人们叫作曹家坪。曹家衰落，将田土房屋慢慢卖给龙姓人家，龙姓人家为了兴旺家族，将曹家坪改为豪侠坪。

豪侠坪的民居建筑大多建于明清时期，属于典型的明清砖木结构，距今已有六七百年的历史。整个村落呈城堡格局，建在背靠山峰的坡面上，坐南朝北，东、西外围有寨墙，南面背靠山坡，北面为大门，西、北、东三面有护寨水渠。村寨呈犄角状，前临稻田和玉带溪。村寨内有里外 7 道大门，道路以石板铺就，呈不规则网状结构，形似迷宫，古井在村寨中部。房屋为窨子屋，紧紧相连，外墙一般高三丈，一律用青砖砌成，呈几何等边形。以斜角开墙为门，大门用长条石围砌，有避雨门檐，雕梁画栋。大门上方刻有诸如"敦厚周慎""敦厚遗风""伯高家风""伯高宗风""纳言家风""积厚流光""武陵世宗"等文字；大门两侧刻有"福""寿"。外墙上还画有花鸟虫草等。墙内窨子屋为木质结构，大多为二进、三进规格，楼层多为两三层，天井、厅堂一应俱全，为标准明清窨子屋风格。

豪侠坪古建筑，体现了这里曾经的文雅和繁荣，以及人才辈出的景象。

（二）湘西

1. 凤凰古城

凤凰古城位于湘西自治州凤凰县城，现为国家 AAAA 级景区。（图 6-14）

图 6-14　凤凰古城

凤凰古城远古时期为"武山苗蛮"之地，传说是蚩尤的后裔居住的地方。秦汉时期分别属黔中郡、武陵郡。元代，因扼苗疆要冲，设五寨长官司，驻地镇箪，即今凤凰。明清为五寨司城，当时凤凰人口 10 万，驻军达 1 万多，是典型的军事重镇。清嘉庆二年（1797），时任凤凰厅同知傅鼐为了加强边防，平息民族纠纷，采取"以蛮治蛮"的办法，推行"苗防屯政"，以当地苗人为主，组建了 7000 多人的军队，史称"箪军"。

箪军崛起及名声大振，是在湘军平定太平天国之时。当时的首领田兴恕（凤凰人）骁勇善战，他带领的箪军，是曾国藩麾下湘军的精锐部队，于是，就有"无湘不成军，无箪不成湘"的威名。田兴恕带领他的部队，跟随曾国藩转战十几省，历经二百多次战斗，所战全胜，因此凤凰"箪军"被曾国藩命名为"虎威常胜军"，这一部队被命名为"虎威营"。在攻打太平天国都城天京时，田兴恕带头爬上城墙，充当攻城尖兵，立下赫赫战功。田兴恕 24 岁时，被任命为贵州提督。从清道光二十年（1840）到光绪元年（1875），箪军培养出军政长官 188 人，其中提督、总督 14 人，总兵 21 人，副将 47 人。

凤凰地处湘西州西南部，东南面与怀化麻阳接壤，西面与贵州铜仁毗邻，北面靠着吉首，城中有沱江流过。

凤凰古城地处沱江沿岸，吊脚楼、古城门、古城堡、古石板街等建筑沿岸而建。这里文化底蕴深厚，在政治、军事、文化方面有着深厚的积淀，是湖南十大文化遗产之一。曾有外国友人游览凤凰古城后，对凤凰的吊脚楼、古城墙和沱江风光情有独钟，称赞凤凰为中国最美小城。坊间流传着"北平遥、南凤凰"的说法。

凤凰古城的基本建筑主要由以下几部分构成：一是临沱江的吊

脚楼；二是城楼（今留下 3 座）；三是明清建筑（120 栋）；四是青石板街道（200 余条）；五是沈从文、熊希龄等故居；六是虹桥；七是古塔（万名塔）；八是古城垛（城墙）；九是祠堂；等等。

2. 芙蓉镇

芙蓉镇（图 6-15）地处湘西永顺县的酉水北岸，已有 2000 多年历史，最初是王姓人家的居住地，被称为王村。秦汉时王村即设县，成为酉阳县治，五代十国时属于溪州管辖，后梁开平四年（910），彭瑊为溪州刺史，其治所曾建于此，直到南宋绍兴五年（1135），土司王、溪州刺史彭福石宠迁都灵溪老司城为止，王村一直是湘、鄂、川、黔边区的政治、军事中心，是土家族的世居地，有"楚蜀通津"之誉。20 世纪 80 年代，电影《芙蓉镇》在此拍摄，王村因此声名鹊起。2007 年，政府将王村镇改为芙蓉镇，现为国

图 6-15　湘西芙蓉镇

家 AAAA 级景区。

芙蓉镇的主要看点：一是芙蓉镇瀑布。瀑布处于芙蓉镇中，高60余米，宽40余米，分两级顺流而下，旅游通道在瀑布内。二是古街。古街呈南北走势，长约1千米，狭窄、坡状，两边有部分古建筑。三是土司行宫（飞水寨）。四是"溪州铜柱"。该铜柱为纯铜制造，上面刻着楚王马希范与土司彭士愁罢兵盟誓的条约，现存放在芙蓉镇古街中的"溪州铜柱"博物专馆里，供游人免费参观。

3. 乾州古城

乾州古城位于湘西自治州首府吉首市区南部，万溶江从中流过，交通极为便利，现为国家 AAAA 级景区。（图 6-16）

图 6-16　乾州古城

乾州古城历史悠久。秦汉时期，乾州古城成为重要的商埠中心。明清时期，乾州古城的政治、商贸、军事地位更加突出，成为苗疆地区政治、经济、军事中心，是周边最繁荣的地方。

沈从文的散文《湘西》对乾州古城有这样的描述："地方虽不大，小小石头城却整齐干净，且出了几个近三十年来历史上有名姓的人物……"从这里走出来的名人，有明朝致力于教育的吴鹤，清乾嘉苗民领袖吴八月，清光绪陕甘总督杨岳斌，清抗击八国联军的天津总兵罗荣光，民国陆军次助长傅良佐上将，中国当代画马四杰之一张一尊，等等。

乾州古城的主要景点有胡家塘（古井、文庙、土地庙、继兰楼）、三门开（南门月城，开有中国古城罕见的三门）、拱极门（北城门）、乾州文庙（明伦堂、文昌宫、大成殿、大成门、状元桥）等。

4. 浦市古镇

浦市古镇位于湘西泸溪县东南部，地处沅水中游，上接辰溪，下接沅陵，是湘西四大古镇之一，现为国家 AAAA 级景区。

浦市古镇在明末清初时，曾是沅水中上游的商业重镇，也是军事重镇。鼎盛时期的古镇有货运码头 20 多座、城门 12 座、商贸街 3 条、巷弄 45 条、道观寺庙 72 座、各地会馆 99 座、窨子屋 1100 多栋，还有 5 千米长的城墙，以及众多古戏台、作坊等建筑。现存古迹 2 处、古街 3 处、古巷弄 20 多处、古建筑 200 余处。

浦市古镇从南宋中期开始成为军事要地，明洪武年间（1384）已是商贸大镇，明清时期是大湘西的物资集散地，主要经营生铁、木材等。清乾隆四年（1739），当时的沅陵知事赵治会在描写浦市的《重修浦峰寺佛寿殿碑记》中载："沅陵西南境内有浦市，两岸之间，烟火万家，商铺林立，商贾辐辏，舟楫络绎，人口稠密，故一大都会也。"这说明在洪江古商城兴盛之前，这里曾是湘西地区繁荣的都市。

浦市古镇现存主要景点有李家大院、王家大院、吉家大院、周家大院、古城墙、李家书院、万荷国、万寿宫等。

5. 边城

边城原称茶洞（茶峒），距湘西花垣县城25千米，地处酉水河东岸，西南面与贵州松桃县迓驾镇接壤，西面与重庆秀山县洪安镇隔河相对。这座小城因沈从文著名小说《边城》而闻名，《边城》就是以这里为背景而写作的。2005年，茶洞改名边城，现为国家AAA级景区。

边城茶洞始建于清嘉庆年间，是一座石堡城，军事用途明显。嘉庆七年（1802），称属水绥办茶洞堡，因正好处于湘、川（今渝）、黔交界处，有"一脚踏三省"之称。当时，这里城楼矗立，城垣逶迤，白塔耸立，吊脚楼随处可见，商贸繁荣，小河摆舟，白河清清，如诗如画。而今，这里只剩下些许古建筑，但河畔山水秀美，临河一排吊脚楼秀美清静，自然风光与人文景观仍然具有诗情画意。

边城的主要景点有白河、沿河吊脚楼、翠翠岛、翠翠塑像、古城垣遗迹等。

（三）黔东南

1. 镇远古城

沅水上游的镇远古城，位于贵州黔东南州府凯里市东北部。镇远在远古时期（神农、黄帝时期，距今约 5000 年）属"竖眼大田溪洞"管辖，"溪""洞"为古时在镇远一带的最小行政单位，上为县、州，有 2000 多年历史。镇远在秦昭王三十年（前 277）设县，处于五溪蛮和百越人聚居的地方。汉高祖五年（前 202）镇远属武陵郡，设沅阳县。宋代赐名"镇远"，设州府，称镇远州，为"镇远"之名的开始，沿用至今。镇远现为国家"历史文化名城"（1986 年国务院确认），2009 年荣获"中国最美十大古城"，2020年被确定为国家 AAAAA 级景区。（图 6-17）

图 6-17　镇远古城

镇远在历史上是航运的重要停靠点，也是从古代中原地区进入云贵腹地的必经之道，还是从我国西南去往缅甸、老挝、印度的国际通道，故有"黔东门户"之称。城东祝圣桥上曾有对联是这样写的："扫尽五溪烟，汉使浮槎撑斗去；劈开重驿路，缅人骑象过桥来。"

镇远是苗、侗聚居地，远古处于百越人和五溪蛮聚居的地方；元代是田氏土司领地，朝廷置镇远招讨使司，属思州军民安抚司管辖；明代属思南宣慰司管辖，置镇远蛮夷长官司，一直属于田氏土司管辖。后来明代设镇远县，实行"改土归流"政策，田氏土司制度瓦解，置流官。明清后，大量湖南、江西人涌入，设江西会馆万寿宫、湖南会馆禹王宫，还有福建会馆天后宫等。这里曾有 20 多座码头（现保存有 12 座）、11 座戏台。

镇远因军事而兴起，时间大约在元朝初年。当时，元朝设置镇远招讨司，成为"滇黔锁钥"的军事重镇，至清咸丰、同治年间，驻军达 2 万多人。

镇远古城的主要看点包括以下几个方面。

（1）青龙洞古建筑群。这是镇远古建筑群的精华，坐落在城东的中和山山腰。此山为半壁悬崖洞穴形状，主要有青龙洞、中元洞、紫阳洞、万寿宫等，曾是道教、儒教、佛教活动的场所，青龙洞古建筑群始建于明代。

（2）其他古建筑。镇远古城除青龙洞佛、道、儒古建筑外，还有古码头 12 座，建于明代的古城墙府城（北岸）、卫城（南岸）两道。镇远古城还有同乡会馆 8 座、供奉祖先牌位的神殿 8 座、古民居 33 座，以及古街道、古戏院、古馆祠、古桥亭等共 200 余处。

（3）城北四官殿。城北四官殿位于镇远古城陆上唯一关卡北津关，坐落在城北的石屏山上，殿内供奉战国四大名将（白起、廉颇、王翦、李牧）的神像。该官殿始建于明代，清康熙年间有重建。

镇远古城文物古迹种类繁多，现共有 4 处国家级文物保护单位，即青龙洞古建筑群、镇远城墙、和平村旧址和镇远天后宫；有16处省级重点文物保护单位，它们是周达文故居、石屏山古建筑群（含四官殿）、镇远码头、吴王洞、谭公馆、和公祠、青溪铁厂遗址等。

镇远民俗文化丰富多彩，主要有歌舞比赛、端午龙舟赛、芦笙歌舞、木鼓舞、板凳舞等。极具地域特色的节日有苗年、三月三情人节、四月八牛王节、六月六吃新节、八月八唢呐节等。

镇远的美食多种多样，主要有陈年道菜、酸汤鱼、腊肉火锅、豆花火锅、肠旺面、干牛肉条、猕猴桃片、姜糖等。

2. 西江千户苗寨

西江千户苗寨地处贵州雷山县东北部35千米处的西江镇，是一个苗族（称为"黑苗"或"长裙苗"）大村落，由10余个依山而建的苗寨自然村落连接而成。西江千户苗寨已有1000多年的历史，由于规模宏大，民族风格鲜明，风光独具魅力，先后获得多项殊荣，有"中国最美100风情小镇""贵州十大魅力景区""中国最美原生态露天博物馆"等美誉。西江千户苗寨有吊脚楼、银器、芦笙舞等国家级非物质文化遗产名录，现为国家AAAA级景区。（图6-18）

西江千户苗寨的主要看点包括以下几个方面。

（1）木质吊脚楼。西江千户苗寨的房屋几乎全部由木质吊脚楼组成，层层叠叠，分平地吊脚楼和斜坡吊脚楼两种，分布在以白水河谷为中心的两岸山坡和沟谷之中。这里吊脚楼一般有三层，第一层有的是住房区，有的用来放置劳动工具、关养牲口和用作厕所。第二层是人生活的楼层，厨房、堂屋、睡房均在此；堂屋门前建有

图 6-18　西江千户苗寨

一个露天平台，用来乘凉、做刺绣等。第三层用来存放粮食等物资。

　　西江千户苗寨吊脚楼的营造技艺承袭了上古时期南方的干栏式建筑，即用木材在地面建构形成房屋的建筑。它根据地形地势特点，运用长方形、三角形、菱形等多种结构样式组合，构成一个多形空间、多变样式的木质房屋主体空间结构，是上古民居建筑的"活化石"。

　　（2）风雨桥。西江千户苗寨的风雨桥建在村中谷地的白水河上，共有 7 座。以前的风雨桥为全木质结构，因为雨水、河水侵蚀后容易腐烂，现改为水泥、石头、木质混合结构。

　　（3）苗族服饰银饰。西江苗族穿的是黑色服装，形制为长袍，佩戴银饰。这些布料、银器全为本寨苗民自制，这种服饰风格被称为"黑苗"或"长裙苗"。西江千户苗寨有远近闻名的银匠村，当地村民很多以家庭作坊形式，打制银器，其银饰全为手工打制，工艺水平很高。

（4）节日歌舞。西江千户苗寨的歌舞节日多样，规模宏大，场面壮观。每年有苗年节、吃新节等民族节日。西江千户苗寨的苗年在农历十月前后，有三次，分初年、中年和大年。吃新节在农历六月下旬的卯日。在这些节日里，人们穿着华丽的服装，戴着佩饰，带上相应道具，进行芦笙表演、大型歌舞表演、斗牛、斗鸟、斗鸡等活动。

3. 肇兴侗寨

肇兴侗寨位于贵州黎平县东南部的肇兴镇，南面毗邻广西三江县。肇兴侗寨是全国最大的侗族村寨，也是侗族的民俗文化中心。（图 6-19）

图 6-19　肇兴侗寨

肇兴侗寨四面环山，呈东西走向，全寨建在山中谷地，两条小溪汇成一条小河穿寨而过。寨中房屋为干栏式木质房屋，既有吊脚楼，也有平地木屋，大多采用杉木建造，屋面盖小青瓦。房屋紧紧相连，层层叠叠，错落有致，寨中一条石板大道作为主街穿寨而过，大道两旁有多条小街小巷，纵横交织在房屋之间，构成了肇兴侗寨的整体格局。

肇兴侗寨的鼓楼群独具特色，造型精致，风格别样，共有5座。这在全国侗寨中绝无仅有，被载入吉尼斯世界纪录，肇兴也因此被誉为"鼓楼文化艺术之乡"。全寨村民几乎都为陆姓，有外姓内姓之分，即对外全部称姓陆，对内则分五个家族，按家族分为五个片区，按仁义礼智信分片，称为五团。每个片区建有一座鼓楼，共建有五座鼓楼、五座戏台、五座花桥，并且造型各异，风格独特，显得精致壮观。

肇兴侗寨是鼓楼之乡，同时也是歌舞之乡，这里有侗族大歌等很多喜庆活动。各个族群都有侗歌队、侗戏班。每逢侗年、谷雨节、抬官人等节日，侗寨百姓欢聚鼓楼歌坪和大街小巷，表演侗族大歌、芦笙歌舞、踩堂歌、拦路歌、山歌、河歌、琵琶歌、牛腿琴歌、酒歌等。

4. 隆里古城

隆里古城位于贵州黔东南锦屏县西南部，距县城40余千米，始建于明洪武年间，开始主要是作为屯兵之所，为明代军事城堡，后来逐渐变为民用。隆里古城现为"中国历史文化名村"，全国重点文物保护单位，国家AAAA级景区。

明洪武三年（1370）建"龙里卫"，洪武十八年（1385），明在隆里设千户所屯兵，开始作为屯兵城堡，古城开始兴建。清顺治十五年（1658），"龙里"改为"隆里"，有"隆盛"之意，于是这一名字沿用至今。

隆里古城非常方正，几乎呈正方形，南北宽 217 米，东西长 222 米。四周城墙开始为夯土，后来用卵石框边加固，城墙高一般在一丈二尺（约 4 米），墙外壕深约一丈（约 3.33 米）。全城建有东南西北四座城门，分别称为清阳门（戌门）、正阳门、迎恩门、北门，北门因与"败"谐音，常年不开。所有城门上都建有楼台，称为城楼，这种城楼主要供军事所用。城内街道按军事需要而建，以千户所衙门为中心，向东、南、西三面分别开三条街，往北门不直接建街道。街道交叉处以"丁"字形为轴线，不用"十"字形街道的原因是认为"十"即"失"，而"丁"还有"人丁兴旺"之意。三条主街分别延伸出六条巷道，所有街道全用鹅卵石铺就，在街道两旁建有九个居住区，形成了"三街、六巷、九院子"的格局。

这里的房屋主要显现出徽派建筑特点。民居基本为三开间规格，每栋宽约 10 米，进深 8 米，两到三层，几乎都是木质建筑，人字形屋面，屋面盖小青瓦；四周有围墙，墙头为"马头墙"，屋檐向外挑出呈"双重脊檐"形式；宅基均高出地面 1 米，然后再在上面建屋，门前均有几阶青石台阶，屋内每层之间均有天井，低于宅基表面；大门上都挂有一个匾额，用途是标明屋主籍贯、身份等信息，如"科甲第""关西第""洛阳第"等。

（四）铜仁

铜仁较为出名的景区是铜仁苗王城。铜仁苗王城位于铜仁松桃县境内，距松桃县 30 千米，距铜仁市 35 千米，始建于明洪武初年

（1368），是一个苗王（苗族部落首领）的居住地，最早是苗民长官司驻地。历经明清两代，出现了苗王石各野、龙达哥、吴不尔、龙西波、吴黑苗等，苗王城经他们经营建造，逐步成为腊尔山区一带的"王者之城"。（图 6-20）

图 6-20　铜仁苗王城

苗王城占地面积约 10 平方千米，依山形建在苗王峡谷的两岸，分东城、西城。这里原来有 2 千米长的城墙，建有 4 个城门，现在只剩 2 个城门。城内有 11 条巷道，11 道寨门，所有院落用石块围墙，用石板铺路，屋舍为木质材料，街巷房屋相通，具有攻防兼守的特性。

苗王城曾有 230 多栋两合头、三合头、四合头房屋，这些房屋大都毁于军阀混战的民国初期，只有小部分保留下来。

苗王城现为国家 AAAA 级旅游景区，主要看点是石板街道、石头围墙、木屋、吊脚楼、风雨桥、苗王故居等。

三、民族服饰

五溪地区为多民族聚居区域，不同民族的服饰各有其特点，即使是同一民族的服饰也会有不同的风格，同时，各民族的服饰又有一些共同之处。在五溪地区众多的民族中，以苗族、侗族、瑶族、土家族、白族等人数居多。

五溪地区民族服装款式丰富，色彩多样。在服装材料上，主要表现为使用自种棉麻纺制布料。在布料加工上，表现为使用土法染色，然后在布料上印花或者刺绣。在布料裁剪上，根据民族或男女不同，做成对襟、斜襟上衣，筒裤，长短裙等。此外，还根据礼仪、劳作、休闲、季节等，制作出不同款式的服装。值得一提的是，五溪地区还有一些配套的饰品，如绣花（挑花）围裙、腰带、坎肩、绣花帽、头巾、绣花鞋等。因此，染色、绣花（挑花）就成了五溪少数民族制作服装的传统技艺。

五溪地区服饰一大特色就是广泛使用银饰。民间一直传承银器打制技艺，各少数民族，特别是苗族、侗族、壮族等少数民族，大量使用银饰。这些银饰样式丰富，千姿百态，尤以女性使用的银饰光彩夺目。一套盛装的银饰，非常华贵，从头部开始，从上往下有头饰、耳饰、项饰、手饰、胸饰、腰饰、脚饰等，一应俱全，银光闪闪，重的可达四五十斤。

在这里，主要介绍一下侗族、苗族和瑶族的服饰。

（一）侗族服饰

侗族主要分布在以湘桂黔交界处为中心的地带，包括贵州黔东南、铜仁，湖南新晃、芷江、靖州、会同、通道，广西龙胜、融水、三江，湖北恩施等地。

侗族服饰的布料，原先使用的基本上是自纺自织自染的侗布，20世纪80年代后，普遍使用机织细布。

侗族服饰多种多样，款式丰富，总体色彩淡雅，构图精美，讲究对称。不同年龄、季节对应不同服饰。在款式风格上，有右衽、对襟；有布扣、铜扣、银扣；有裤装、裙装。在色彩上有青、蓝、黑、白各色。在饰品分类上，有头饰、耳饰、颈饰、手饰、胸饰、腰饰、脚饰等。其中仅头饰就可以分出50多种，头饰以银饰为主，如银花冠、银簪、银发链、银梳等，辅以其他材料的饰品。侗族服饰以妇女服饰最为复杂多样，盛装时，银光闪闪。妇女的发式也很别致，有前髻、后髻、左绾髻、右绾髻或盘发辫于头顶，配以银簪、银冠、银钗等。

侗族有南侗、北侗之分，贵州锦屏、湖南会同以南为南侗，以北为北侗。相比之下，南部侗族服饰更加精美。侗族妇女善于编织侗族服饰，工于刺绣、织锦和编织侗布等。女子一般穿无衣领的上衣，衣服为对襟款式，衣襟和袖口绣有各种花纹图案，纹案以水云纹、花草纹为主，图案以龙、凤为主。下身穿大筒裤装，或者短百褶裙、长裙，脚穿绣花鞋。发髻上可以插木梳，或者戴环簪、银钗、银冠，或者插鲜花，耳朵上挂各式各样的耳坠，胸前佩挂各种造型的银饰，甚至还有多层结构。手上有手镯，手镯可多可少，腰上有腰坠等银饰。（图6-21）男子服饰比较简单，一般为青布包头，呈环状，上身穿立领对襟衣服，稍有一些织绣点缀，系腰带，上身外罩一件无纽扣短坎肩，下身穿青色长裤，可以裹绑腿，脚穿草鞋或者布鞋，衣襟处有绣饰。

图 6-21　穿侗族服饰的女孩

侗族服饰因其制作工艺复杂，手工织绣技艺精湛，饰品精美多姿，已被列入国家级非物质文化遗产。

（二）苗族服饰

苗族分布广泛，主要分布在贵州、湖南、四川、湖北、广西、云南、海南等地，以贵州人数为最多；在国外主要分布在缅甸、老挝、泰国等东南亚国家，也有少量分布在欧洲、美洲、大洋洲等地。在五溪地区，苗族主要生活在怀化靖州、麻阳，湘西自治州，贵州黔东南和铜仁，重庆秀山、酉阳、彭水，湖北恩施，广西融水、三江等地。

苗族服饰因苗族支系繁多而呈现纷繁复杂的风格特点。苗族服饰按地域有湘西、黔东、黔中南、海南、川滇等支系服饰。按色彩有红苗、白苗、花苗、青苗等，其服装款式达200多种，可谓式样繁多，色彩艳丽，多姿多彩。杜甫的诗歌"五溪衣裳共云天"就描绘了苗族服饰五彩缤纷的特点。

苗族服饰以女性服饰最具特色，苗族女性服饰因地域、族群的不同，差别很大。苗族服饰的主要特点是银饰、苗绣和蜡染工艺的使用。她们的上衣一般呈窄袖、大领、对襟形制，短衣居多，下身穿大筒长裤、百褶裙、长裙或短裙。裙子或者长可抵足，显得高挑高雅，尊贵秀丽，飘逸多姿；或短小不及膝盖，显得活泼灵动，轻快轻盈，婀娜动人。女子便装则大多在头上包一块青布头帕，穿对襟短身上衣，较为紧束，下身穿青色长裤，在衣角或裤脚镶绣花边，腰间系一条绣花围腰，或者就是单色围腰，腰带上再加少许银饰衬托。男子装束则比女子的简单，这也是进行户外劳动需要所致。他们上身主要穿对襟短衣或右衽长衫，肩上经常披挂织有几何图案的羊毛毡或者自制的麻布条帕，头缠青色包头，小腿缠绑腿，或者穿直筒裤脚的裤装。

苗族服饰主要保持织、绣、挑、染等工艺制作技法，服饰上的图案取材于日常生活物象，如花鸟鱼虫、风云雷电等，有表意和识别族类、支系及语言的作用。苗族服饰上的花纹图案是生活、自然物象及信仰的反映，承载了苗族的文化历史，因此苗族服饰被称为"穿在身上的史诗"。他们的服饰在行线造型上，多采用线描式纹样；在制作技艺上，分为五种编织技法，即编制型、缝制型、织制型、拼合型和剪裁型；在用色上，采用强烈对比色，强调明亮色彩，展示艳丽感。苗族服饰颜色大体上分为五种，即黑、白、红、黄、蓝；在构图上，注重服装整体感觉，也讲究对称，追求全身格调统一；在形式上，分盛装和便装，盛装雍容华丽，在重大节日穿戴，便装搭配简单，在日常劳动生活中穿戴。（图6-22）

图 6-22　穿苗族服饰的女孩

苗族服饰因构图精美，工艺精湛，内涵隽永，式样多姿多彩，已被列入国家级非物质文化遗产。

（三）瑶族服饰

瑶族主要分布在我国西南山区，以广西为最多，其他则分布在云南、湖南、广东等地。瑶族族群分类多样，有"过山瑶"（广东乳源）、"红头瑶"（广西龙胜）、"大板瑶"（广西防城港）、"平头瑶"（广西贺州）、"蓝靛瑶"（云南金平、广西百色）、"沙瑶"（云南金平）、"白头瑶"（广西贺州）、"花瑶"（湖南溆浦）等，达百种之多，故服饰也多种多样，品种繁多。总的来看，瑶族妇女善于印染、刺绣和挑花，在领口、衣襟、袖口、衣摆、裤脚边处都绣有内涵丰富精美的图案花纹。女子头发则往往用细辫绕于头顶编织捆扎，形成发髻，再用五色细珠等物围裹，并且使用款式繁多的头饰，衣襟的颈部至胸前绣有花彩纹饰。男子以前喜欢蓄长发，将头发缠于头顶呈发髻，并以红布或青布包头，现在蓄长发现象很少。他们穿无领对襟长袖上衣，布料颜色多样。布料均为家织自纺，根据族群风格染成红、青、蓝等色，衣外斜挎各色布"坎肩"，下着大裤脚长裤。

瑶族服饰有以下特点：一是精湛的蓝靛印染技艺。他们种植了一种蓝草，需要时割下，适当捣烂，在水中浸泡加工，然后提取蓝靛水汁，加入白酒、草木灰等浸泡，发酵至黄色后便可染布。这种布料要经过多次浸泡染色，然后晾干，最终呈深蓝或暗红色。也可以将染好的布料与牛皮、猪血等浸泡、蒸晒，布料则会更加坚挺耐用，并且颜色深重。当然，瑶族布料也有做成青色、普通蓝色等颜色的。二是在挑花构图上喜欢绣上花鸟虫鱼、飞禽走兽等，以及许多神仙，如天神、山神、雷神、日神等。三是多彩多姿的头饰。女子头饰的材料有金银、竹木、丝布等，形状有盘龙形、月牙形、A字形、飞燕形等。由于族群不同，所戴头饰形状也各不相同，如有的戴竹箭式头饰，有的戴竖顶板式头饰，有的戴尖帽式头饰，有的戴竹壳作为头饰，有的戴塔形帽子作为头饰，有的用花帕包裹呈梯形，或者用斗笠状头饰，或者用蛾冠形斗篷罩着。（图 6-23）

图 6-23　穿花瑶服饰的奶奶

　　瑶族服饰与侗族、苗族服饰一样，十分精美亮丽，制作工艺复杂精湛，内涵丰富，已被列入国家级非物质文化遗产。

第七篇

天籁五溪，诗艺殿堂

　　五溪地区古往今来生活着苗、侗、瑶、土家、白等几十个民族，这些民族中既有以族群聚居的，也有几个民族杂居在一起的。他们在长期的民族生活、文化活动和发展过程中，形成了各具特色又交相辉映的地方歌舞、戏曲等民族技艺和文化现象。这里的歌谣古朴醇厚，这里的戏曲别具一格，这里的书画乡情浓郁，这里的技艺精湛迷人。本篇主要介绍五溪地区的歌谣舞曲、地方戏剧和民间技艺。

一、歌谣舞曲

五溪地区的歌谣舞曲纷繁多样，它们既是单个民族的历史文化积淀，又是各民族相互融合的结晶。有时，同一民族会因地域不同而呈现出不同的歌舞风格，所以很难说某一歌舞形式只属于某一民族。比如，侗族大歌只存在于侗族居住的部分地区，芦笙歌舞既在苗族地区流行，也在侗族地区被表演。

五溪地区的歌舞按民族来划分，主要包括以下几方面：侗族主要有侗族大歌、侗族琵琶歌等，苗族主要有苗族理歌、议榔词、歌鼟等，土家族主要有摆手歌舞、毛古斯等，以及酉阳民歌等。此外，按类型划分，五溪地区的歌舞可分为各少数民族的创世歌，具有宗教色彩的傩歌，表现日常生活的酒歌，红白喜事的哭嫁哭丧歌等。

（一）侗族大歌

侗族大歌，侗族语称为"嘎老"，指的是一种场面宏大的用侗语唱的歌。"嘎"即歌，"老"是宏大古老之意。它的特点是多声部、无指挥、无伴奏、自然和声。侗族大歌起源于春秋战国时期，发展至宋代，已形成了较为完备的形态。

侗族大歌的歌唱者不少于 3 人，越多越好，侗族大歌多在重大节日（吃新节、侗年、春节等）、集体交往和接待贵客时演唱。演唱地点可在歌场、鼓楼或喜庆场合。（图 7-1）

图 7-1 演唱侗歌

侗族大歌的特点是"众低独高"（合唱声音低沉，领唱声音高尖），复调式、多声部、合唱为主的演唱形式，领唱与众唱相结合。主旋律在众人合唱的低声部里面，高声部由低声部旋律演进派生而来。低声部众人唱，音调低沉，声音宏大；高声部由一到三个歌手演唱，音调高尖，往往在低声部的旋律中即兴变调演唱。

侗族大歌按演唱方式分为三类，即女声大歌（全为女声）、男声大歌（全为男声）和混声大歌。按内容、风格，又可分为如下四类。

（1）"嘎听"：声音大歌，声音洪亮、清晰，是大歌的精华部分。多模仿自然鸟鸣虫叫、小河淌水等，跌宕起伏，行云流水，展示人与自然和谐相处之意。代表作有《蝉之歌》《撑船歌》。

（2）"嘎麻"：柔声大歌，声调轻柔、婉转。内容多为情歌，舒缓缠绵。

（3）"嘎想"：伦理大歌，声调沉稳、庄重。内容多为劝诫方面的，旋律平和，侧重于表述、宣示、称颂、讥讽。

（4）"嘎吉"：叙事大歌，声调平实。内容为民间故事传说，既是传承，也是教化。

侗族大歌因其唱法独特，内容丰富，音韵和谐，已于 2009 年被列入联合国人类非物质文化遗产名录。

（二）芦笙歌舞

1. 芦笙的起源与制作

芦笙的起源年代较早，至宋朝已经发展成形，主要在苗寨、侗寨表演。宋代朱辅对五溪地区的芦笙演奏已有描述。他在著作《溪蛮丛笑》中写道："蛮所吹芦笙……列六管。"南宋陆游对五溪的芦笙表演也有研究，他在著作《老学庵笔记》中记述了芦笙表演盛况："辰、沅、靖州蛮……农隙时分，寨中各处至一二百人为曹，彼此手相握为歌，数人吹笙前导之。"今天，芦笙歌舞在靖州、通道、黎平、天柱、台江、施秉、黄平、雷山等侗乡苗寨仍然很流行。靖州藕团、贵州舟溪镇、从江傍洞、雷山西江、黄平谷陇等地的芦笙场都十分有名。

制作芦笙的工匠被称为芦笙匠，只存于苗族、侗族之中。芦笙的制作材料：一是竹子。制作芦笙的竹子必须是六月初六从山上砍来的。相传用这种竹子制作的芦笙音色最好，且防虫蛀。二是"芦笙种"。这是制作芦笙的定音器。用长短不一的安有簧片的小竹管制成，通常有十二个音。三是芦笙发音的铜簧片。其由芦笙匠自行锻打而成。芦笙的制作过程：一是用利刃削刮簧片，与"芦笙种"

对照校音，边刮边吹，直到音准。二是用松香和蜂蜡将簧片粘在笙管上。

五溪芦笙遵循"列六管"古制，称为"六管芦笙"。形制可分为六种，由小到大依次是拉的、拉塞、拉歌、拉撩、轮坦和轮劳。拉的高仅一尺，声音高尖，是芦笙队总指挥；轮劳最高，达两丈，声音洪亮，是芦笙队标志。

2. 芦笙歌舞的表演

芦笙吹演时间一般为秋收后到第二年春耕前，每逢重大传统的节日、庆典等，人们就会举行吹演。乾隆时期的地方志《直隶靖州志》这样描述靖州的芦笙表演："每于正月内，寨中男女成群，吹芦笙踏歌舞，各寨游戏，彼此往来，热闹非凡，名曰'踏歌堂'，一月皆然。中秋时节，则男女相邀至寨中，成群结队赛芦笙，唱大歌，声震山谷。"这种走村串寨活动，也称"月也"。

吹芦笙者均为男性，他们穿的土布衣裳，大多为青靛色或青色，件数有三件、五件、七件、九件等，最里的一件扣拢，外层依次敞开，外束腰带。姑娘为芦笙的吹奏伴舞，着盛装，以佩戴银饰多为荣。富有者，银饰重可达四五十斤。芦笙队领队为芦笙王，身穿祖传芦笙服，指挥本芦笙队全部吹演过程。完整的芦笙表演，包括以下部分：①集合曲。②出发曲。③邀约曲（邀约邻寨芦笙队同行）。④借路曲。⑤到达曲。⑥主寨迎宾曲，主寨姑娘提着小方灯在路的两旁姗姗而行，挨个照着客队芦笙手的脸，客队进入主寨鼓楼坪。⑦双方合奏曲。⑧吃油茶。⑨高潮——"踩堂"，双方芦笙队轮番吹奏、跳舞，像比赛一般，男子吹芦笙，女子跳舞。男子的芦笙往往插一根小树枝，如有姑娘看上某一位男子，便将树枝拿

起。⑩结束曲（主队吹"失迎曲"、客队吹"赞誉曲"），最后双方吹曲告别。（图 7-2）

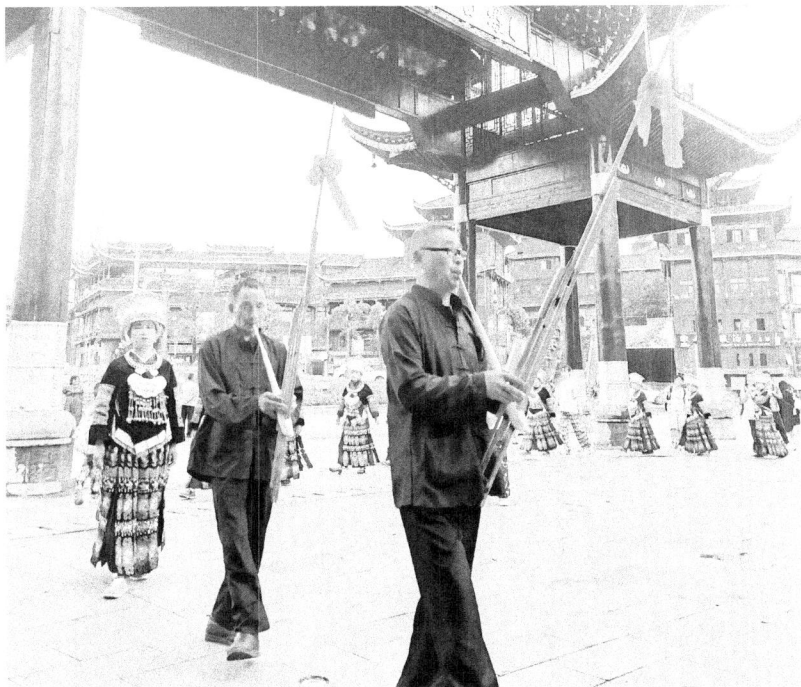

图 7-2 贵州芦笙表演

（三）土家摆手舞

土家族摆手舞主要在酉水流域的湘西、鄂西、渝东毗连地区的龙山、永顺、来凤、宣恩、鹤峰、酉阳、黔江等地流行。湖北来凤县百福司镇舍米糊村是土家族居住区，也是摆手舞的故乡。该村有一座摆手堂，始建于清顺治八年（1651），已有近 400 年历史，被誉为"神州第一摆手堂"。舍米糊村因"摆手舞"而被称为"摆手舞艺术之乡",这里的摆手舞已被列入国家级非物质文化遗产。

摆手舞源于土家族原始的祭祀舞蹈,它集舞蹈和健身为一体,动作粗犷、姿态大方,舞蹈动作的主题主要是求神祭祀、祈福农事等。跳摆手舞的场地称为"摆手堂",也称"廊场"(图7-3)。"摆手堂"一般设在村寨比较集中的地方,地面用条石铺就,或者就是一个空坪。有的"摆手堂"在场地中间栽一棵高大的松柏树或桂花树,场地旁边建有一座神庙,神庙里供奉祖先牌位,所以"摆手堂"又称"神堂"。

图 7-3 摆手堂

清同治本《来凤县志》里记载了"摆手堂"及"摆手舞"的美丽传说:"施州(今恩施)漫水寨有一神木,名曰普舍树,'普舍'意为华言风流也。昔覃氏先祖于东门外山中伐一异木,名曰'普舍',随流至那本,不多时日,复生根而活,四时开花不断,花有百种。覃氏子孙甚以为异，每当歌舞其下，花乃自落，覃氏取而簪之。他姓往歌，任其舞蹈，而花不复落，众人为之异也。"乾隆二十八年（1763 年）的《永顺县志》则记载了"摆手舞"的盛况："各寨有摆手堂……每逢正月初二至十五日，夜夜鸣锣击鼓，寨中男女，奔相至摆手堂，载歌载舞，名曰'摆手'。"

摆手，土家语读作"舍巴"，于是，土家人将举行摆手歌舞的日子称为"舍巴日"。"舍巴日"是土家族盛大的民族传统节日。"舍巴日"期间，土家族的男男女女，穿着盛装，赶到"摆手堂"参加歌舞、聚餐等活动，非常隆重。

"舍巴日"当天，土家人一般在白天聚集，到了晚上，高挂灯笼，先由"梯玛"（土家巫师）主持祭祀活动，而后由一到两人在摆手堂中央鸣锣击鼓指挥全场，众人围成人圈，彻夜歌舞。

摆手舞蹈的动作粗犷豪迈，摆姿自然流畅。一般以众人围圈的形状起舞，主要特征是在走步与弯腰中摆同边手。其动作主要特征是边走边摆手，有双摆、单摆、环摆、插摆、花摆、七步摆等。摆手舞没有严格的师承关系，也不怎么需要讲授训练，而是以家庭或村落的形式传承。舞蹈动作就是日常生产劳动的再现，包含了生产、生活、狩猎、征战等动作，具体有赶野猪、追猎狗、爬树、岩鹰展翅、挖土、撒种、打蚊了、种苞谷、打糍粑、开弓射箭、擦背、骑马挥刀等。其舞姿粗犷大方，节奏鲜明。伴奏乐器是打击乐器，非常简单，就是大锣、大鼓各一面，乐曲即按单摆、双摆等动作配制。摆手舞没有人数限制，少则几人，多则几千上万人。舞蹈的时间长短不一，可以是一个通宵，甚至几天几夜。

（四）苗族歌鼟

在湘西南与黔东南交界处，有一个叫"三锹"（今靖州三锹乡一带）的地方，主要民族是苗族。那里有一种延续至今的古老的语言，叫"酸话"，用这种酸话演唱的无伴奏多声部民歌，叫"歌鼟"。它按唱歌时的活动内容可分为茶歌、山歌、酒歌、饭歌、担水歌和三歌六种，因其形式古老，唱法独特，已经被列入国家级非物质文化遗产。

山歌：男女自由恋爱时唱的歌，采用同声二声部重唱，低声部是起歌，由男性起唱，之后进入高声部，由女性唱，歌声婉转悠扬。唱歌场地有两种：一种是用竹木搭起的棚子，即"茶棚"，青年男女相约到这棚子里唱歌被称为"坐茶棚"；一种是青年男女入夜相约走村串户，围坐火塘唱歌，称"坐夜"。歌曲名目有"初相会""心愿歌""把凭歌""盘歌""和歌""相恋歌"等。

茶歌、酒歌、饭歌：在婚嫁寿喜等场合中唱的歌。喝茶时就唱茶歌，吃饭时就唱饭歌，喝酒时就唱酒歌。唱这一类型的歌都是一人讲歌（男声、吟唱），二人和歌（女声，一个领歌，一个拉腔），众人帮歌，场面壮观，气氛热烈。

担水歌：唱法与茶歌、酒歌大同小异。新婚第二天，新娘在女伴的陪同下，到水井担水泡米，担水歌是担水的过程中要唱的歌，内容有"问路歌""领路歌""答谢歌""夸水井""出门好""夸姑嫂""夸郎乡"等。

三歌：立夏这天，人们又聚集起来，唱三歌。各村各寨男女成群结队，走村串户，唱歌对歌。三歌的内容源自茶歌、饭歌、酒歌，不同的是它选取茶歌、酒歌、饭歌三种歌的某些片段，临时加以组合，进行歌唱。唱歌形式有讲歌、领歌和领唱，突出特点是模拟大自然的"和声"，这种唱腔的典型特征是高低音重叠，形成一种"和歌"。这种和歌有二声部重唱、四声部合唱等，并且多种腔调互相呼应，彼此衔接，形成和声别致、婉转悠扬的特点，非常罕见。

二、戏曲剧目

五溪地区的地方戏曲种类繁多，内容丰富，风格多样。戏曲内容反映了生活的方方面面，如神话传说、族群渊源、生活劳作、民间故事等。表演者大都需要进行脸部化妆，穿戴专用服饰，有的还戴上面具，使用简单的道具和乐器。

五溪地区的主要戏剧种类有辰河高腔、辰河目连戏、阳戏、傩戏（傩堂戏）、木偶戏、皮影戏、花灯戏、跳丧鼓、丝弦戏、高台戏、影调戏、侗戏、苗戏、桂戏等。有的戏剧又因地方和表现形式的不同分出很多具体种类。如阳戏，按地方可分为上河阳戏、重庆酉阳阳戏、秀山阳戏、湘西阳戏、沅陵阳戏、怀化阳戏等。傩戏一般按地方分为铜仁傩戏、辰州傩戏、湘西傩戏等。花灯戏按地方分为铜仁花灯戏、松桃花灯戏、酉阳花灯戏、湘西花灯戏、麻阳花灯戏等。花灯的表现形式有龙凤灯、龙灯、宫灯、贝壳灯、纱灯、棱角灯、花篮灯等。

（一）辰河高腔

辰河高腔由明代弋阳腔演变而来，又名"辰河班子""辰州班子""辰河戏"，是湖南地方戏十大戏剧之一。其主要流行于沅水中上游广大地区，以辰水为基本地区，始于泸溪浦市，在怀化的沅陵、辰溪、溆浦、洪江，湘西的永顺、泸溪、古丈、龙山，贵州的铜仁、黔东南，重庆的秀山，湖北来凤、咸丰等广大地区流行。

2006 年辰河高腔被列入国家非物质文化遗产名录。

辰河高腔的音乐用曲牌连缀体，即众多曲牌旋律的转换连续，音乐富于变化，与山歌、号子等相融，因此旋律富有跳跃性，并以人声、唢呐帮腔。演奏辰河高腔的乐器有二胡、京胡、大鼓、小锣等十余种，根据剧目不同灵活使用，其中唢呐最为重要。

辰河高腔留存下来的曲牌有 200 余支，如《归朝欢》《淘金令》《降显龙》《浪淘沙》《扑灯蛾》等。剧目也很丰富，存世剧目有连台本戏 6 个（如《目连》），整本戏 47 个（如《黄金印》《琵琶记》），散折戏 57 个（如《红梅阁》《百花亭》），条纲戏 71 个（如《闹台》），弹腔戏 350 个（如《李旦与凤娇》）等。此外还有如《大红袍》《一品忠》《金盆捞月》《李慧娘》《破窑记》《烂柯山》《棋盘山》《寡妇链》《周仁献嫂》等。辰河高腔是湖南保留高腔剧目最多的剧种。

辰河高腔一般以高台（演员在舞台演唱）、围鼓堂（演员坐凳椅演唱）、低台（演员站地面演唱）三种形式演出。清朝《辰溪县志》载："道光元年（1821）间，遇邻里喜庆，城乡善曲者，相邀至其家唱高腔戏，配以鼓乐，不粉饰，歌舞跌起，看众热烈，谓之'打圆鼓'，亦曰'唱坐堂'。"

（二）辰河目连戏

辰河目连戏在五溪地区是辰河高腔的一个重要剧目，是我国存世不多的大型民间祭祀剧种，也是我国古老的戏曲剧种之一。它扎根于地方文化，融合了当地的语言和艺术，以及外来文化。2006 年溆浦的辰河目连戏被列入国家级非物质文化遗产名录。

辰河目连戏产生于明朝，源于一个印度的佛教故事。故事的主题是"目连救母"。相传一个叫傅相的人广济贫穷，乐善好施，为人虔诚，特别斋布僧道，死后受封升天。而他的妻子刘四娘（青提）恰好相反，不仅不敬神明，而且经常破戒杀生，性情暴烈，违背佛家戒律，因此死后受到各种折磨。刘四娘的儿子傅罗卜（目连）见母亲受尽折磨，极为心痛，于是送饭菜给母亲，结果饭菜总是被抢走。目连无计可施，想到了向佛祖求救，佛祖赐给他"盂兰盆经"。目连用盂兰盆装着素食给母亲，母亲终于可以吃饭了。之后，目连遵照佛旨，举行法会，念诵佛经，终于将母亲超度，两人修成正果一起升天。

目连戏场地开放，舞台、坪场均可。唱腔开始为花鼓调，后面变为太平调。目连戏以高腔为主，分吊句子、四平头、滚板、念板等，用鼓、锣、铙等传统乐器伴奏，还有曲牌《娥儿郎》《新水令》《红衲袄》等。动作上融入了多种门类，如武打、舞蹈、杂技等，甚至还使用真实器物作为道具，展示喷烟、吞火等特技，配合佛、道等宗教祭祀活动，情景交融，观众和演员互动，场面雄浑豪放。

辰河目连戏的演员、观众都需虔诚，演出时间一般从太阳落山到第二天日出，有时甚至连演七天七夜。

（三）阳戏

阳戏流行于我国西南诸省，人们把驱神逐鬼等宗教祭祀的傩戏称为"阴戏"，把表现农耕生活、日常生活和纳吉娱乐的戏称为"阳戏"，它是以五溪地区为主体的多民族融合的地方戏种。其中五溪地区的阳戏种类、样式、风格多样，有多个地方的阳戏被列入国家级非物质文化遗产名录。

在五溪地区，根据地域不同，阳戏分为两类：北路阳戏和南路阳戏。张家界、永顺、古丈、龙山、花垣、保靖、来凤、鹤峰、秀山、酉阳、沅陵一带的阳戏被称为北路阳戏；泸溪、吉首、凤凰、麻阳、鹤城、芷江、中方、新晃、溆浦、洪江、会同、玉屏、铜仁、天柱、锦屏、黎平等地的阳戏被称为南路阳戏。阳戏还有其他分法，如上河阳戏（洪江、中方、鹤城、芷江、新晃、会同一带）、北河阳戏（花垣、永顺、古丈、松桃、秀山、来凤一带）和辰河阳戏（辰溪、溆浦、麻阳、吉首、泸溪、凤凰一带）。

阳戏传统剧目有150余个，品种繁多，形式多样，内容非常丰富，主要反映民众的劳动、爱情、家庭、伦理等，比如有《孟姜女》《开天光》《捡菌子》《龙玉女》《盘花》《打猪草》《扯笋子》《游龙戏凤》《白蛇传》《金鞭岩》《破财喜》《春哥与锦鸡》《桃花湾》等。

阳戏的主要特点：一是种类上按行当和规模大小分大阳戏（多角色）和小阳戏（二小戏、三小戏）。二是唱腔上以曲牌连缀体为主，不同曲牌灵活转换。同时按男女、行当分腔，辅以板式变化。三是表演上使用具有农村生活气息的动作和语言，甚至方言。还讲究眼法，如瞪眼睛、鼓眼睛、泪眼、斜眼等；手法主要有兰花手、剑指手、虎掌手、荷包手等；步法主要有跳步、矮子步、十字步、碎步、猴步、鸭步、上下山步等。四是多采用脸谱化妆。

（四）侗戏

侗戏是侗族地区流行的戏种，全用侗语演唱，主要流行于湖南、贵州、广西三省相连的侗族地区。侗戏产生于清嘉庆至道光年间，创建人是黎平县腊洞村的侗族歌师吴文彩（1798—1845）。侗戏从贵州黎平起源，逐步传入周围的广西三江、湖南通道、贵州从江、榕江。侗戏具有鲜明的民族特色，群众喜闻乐见，现已被列入国家级非物质文化遗产名录。

侗戏的内容主要是历史故事、民间故事、日常生活、男女爱情等。侗戏的戏班一般以村寨或鼓楼为单位，一个村寨或一个鼓楼的人组成一个戏班，一个戏班的人数不等，一般有十几人。演出时间主要在传统节日，如春节、二月二、三月三或秋收后。

侗戏的唱腔主要有平腔（叙事）、哭腔（悲事）、仙腔（仙人故事）等，也有其他分类方式。其唱调讲究押韵，有腰韵（唱词中间押韵）、尾韵（结尾语句押韵）和连环韵（前一句最后一字与下一句第一字押韵）。侗戏初期的角色都是男性，女性不准上台表演，有戏师、歌师、演员等，后来才有女性加入。戏师是戏班灵魂，表演时，戏师端坐舞台后方或幕后，演员根据戏师提出的句子边唱边表演，走"∞"字步，回到戏师跟前接受下一步唱词再继续表演。伴奏乐器主要是胡琴、二胡，同时还有侗琵琶、侗笛、锣鼓、牛腿琴和芦笙等。

侗戏剧目非常丰富，多达几十种，主要有《吴勉》《刘美》《秦娘美》《门龙》《雪妹》《金汉》《外孙》《梁山伯与祝英台》《团圆》《美道》《南瓜》《珠郎娘美》《生死牌》《陈世美》《李万当》等。

三、民族技艺

五溪地区可以说是民族技艺的百花园，各种民族民间及书画技艺异彩纷呈。在服装饰品方面有刺绣、织绣、挑花、蜡染、布染等；在建筑方面有木构建筑、石木雕刻；在日用生活上有雕花蜜饯、竹编等。这里还有不少特殊技艺，如制作箫笛、制作白蜡、加工地方食材等。在手工、书画方面，有民间剪纸和书法绘画等。

（一）侗族织锦

侗族织锦简称侗锦，主要流行于侗族居住地区，主要有贵州黔东南的黎平、天柱、榕江、从江、剑河、锦屏等大部地区，湖南通道、靖州一带，广西三江、龙胜等地。侗族织锦的历史可以追溯到两千多年前的春秋战国时期，百越的"越罗谷纱"就是侗锦的雏形。侗锦现已被列入国家级非物质文化遗产。（图7-4）

侗锦由侗族未出嫁的姑娘完成，出嫁则不织了。侗族姑娘采用自家种的棉花，纺制成黑、红、绿、黄、蓝、桃红、靛青等颜色的线，在一种叫"陡机"的木制织机上编织。编织的图案有花鸟虫鱼、人物、种子树叶、动物局部（脚板、乌龟背、蚱蜢腿），还有女神"萨天巴"（金斑蜘蛛）等。

侗锦的编织特点是把彩线按经纬组成点、线、面，编织成人字纹、十字纹、山水纹、凤鸟纹、口字纹、之字纹、太阳纹、万字纹、米字纹等纹样，侗族姑娘借助纹样织成心中所想的图案。

图 7-4　侗族织锦

侗锦主要用于床单被面、头巾围裙、未来孩子的兜肚背带、爱情信物、公婆寿被（去世后用）等，主要为女孩子出嫁前准备，以用于婚后生活。

（二）苗族刺绣

传说，苗族的祖先是蚩尤。蚩尤与黄帝决战失利后，蚩尤的族群后人不断向南向西南迁徙。在迁徙的队伍中，有一位女首领兰娟，为了记住沿路的行程轨迹，她沿途用彩线在衣服上记录山川、河流、道路，等到了五溪地区，服装上已绣满了具有一定意义的各种图案和彩色花纹，于是苗族人便有了刺绣。（图 7-5）

苗女刺绣不打底稿，全凭苗女日常练习和个人天生悟性，走线挑花。一般将绣布上浆、贴底、挺阔后进行刺绣。所绣内容有山川河流、花鸟虫鱼以及一些神秘符号等。刺绣纹样图案有万字纹、如意纹、山水纹、云雷纹、乳丁纹等几十种。

苗绣手法有二十多种，如平面绣、数纱绣、缠线绣、丁线绣、

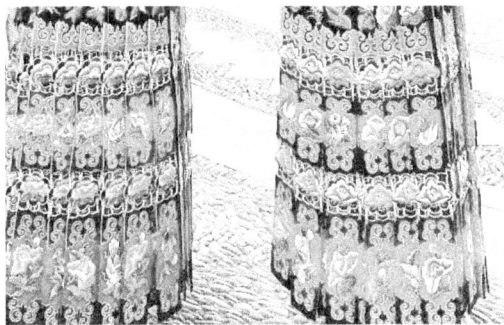

图 7-5 苗族刺绣

堆叠绣、发辫绣、锡绣、蚕丝绣、破线绣、贴花绣、绾髻绣、锁边绣等。

苗绣充满神秘色彩，苗绣制成的盛装一生只穿两次（结婚、入殓）。

苗绣五彩斑斓，美不胜收。苗族姑娘婚前要绣一套精美嫁妆，需要花费很多时间和精力，一般需要花四五年时间完成。艺术大师刘海粟说："苗女刺绣巧夺天工，精美绝伦，意蕴深厚，湘绣苏绣比之难以免俗。"

（三）花瑶挑花

花瑶人居住在湖南溆浦山背和邵阳隆回虎形山一带，那里有享誉中外的"山背梯田"，"花瑶"因其绝色挑花而得名。花瑶挑花在汉代时期就已经产生。东汉末年学者应劭对花瑶挑花就有记载，他在《风俗通义》中写道："积绩木皮，染以草实，挑经织纬，好为五色衣。"该书中所提到的就是花瑶挑花。（图 7-6）

花瑶挑花的题材有飞禽走兽、花鸟虫鱼、日月山川、瑶族历史、图腾、神话等，特别是蛇的图案最多（花瑶人视蛇为灵物），

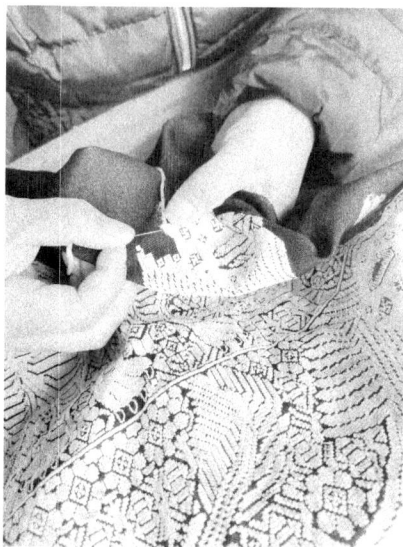

图 7-6　花瑶挑花

仅关于蛇的图案就有训子蛇、群蛇聚首、吞食蛇、比势蛇、双蛇戏珠、爬树蛇、盘蛇、母子蛇、无尾双头蛇、蛇缠图腾等数百种。

　　花瑶挑花的颜色分为两大类：素色和彩色。素色为黑色或者白色，用家织平粗靛蓝布或者青布作底，用自纺的白线或者青线挑绣而成。挑花用红、橙、黄、绿、青、蓝、紫七色线交织挑绣形成彩色图案。挑花特点是图案中套图案，既有平面图案，也有立体图案，采取填充式挑花工艺，挑花构图讲究图案的对称和连续。花纹种类很多，达几十种，有万字纹、云水纹、太阳纹、铜钱纹、花草纹、灯笼纹、牡丹纹、鱼虾纹、勾藤纹等。画面色彩鲜明艳丽，或抽象或夸张，动静相得益彰，"远看颜色近看花"，视觉变化差异大，具有强烈的视觉冲击力。花瑶男女都有穿挑花服饰的习惯，不过女子身上的穿戴更能表现挑花的服饰风格。女子一般为橙红色的头饰笠和头巾，雪白（冬为深蓝色）上衣，五彩腰带，灰白筒裙镶以红色裙边，墨色绑腿。

花瑶女子从五六岁开始学习挑花，挑花是她们生活的组成部分，很多人一直将这一习惯坚持到老年。

（四）土家族西兰卡普

土家族也有织锦，他们把织锦称为"西兰卡普"。（图7-7）"西兰"在土家语中是铺盖的意思，"卡普"在土家语中是花的意思，

图 7-7　土家西兰卡普

合起来就是花铺盖。西兰卡普古来有之，在《后汉书·南蛮西南夷列传》里就对西兰卡普进行了记载：土家族先民有织土花铺盖"兰干细布"习俗，后来的武陵蛮一部分土家族人"积绩木皮，染以草实"，做成布料和彩线，之后编织的土家衣服"衣裳斑斓"，这其中就有西兰卡普。清《永顺县志》载："土人（指土家族）以一手织纬，一手细牛角挑花，五色线为之，遂成五色。"《龙山县志》里记载的情况是："绩五色线为之，色彩斑斓。"这是指土家人对服饰色彩的选用。西兰卡普俗用以为被，或作衣裙，或作巾，故又称岗巾。

西兰卡普由土家女子用一种木制斜织机编织而成。该织机似长方形木架，前高后低，织锦人坐低处，布料铺紧于上，织线系于腰间。使用自家生产的丝、棉、麻等材料，染成多彩线，编织所需要的布料图案，构成单八勾、双八勾、二十四勾、四十八勾等纹样，采用断纬通经、反面挑织的方式，在织机上连续挑织，最后形成正面五彩图案。

西兰卡普的题材有日月星辰、山河风景、神话传说、花鸟虫鱼、图腾野兽等。常见图案有双凤朝阳、龙凤呈祥、日月星光、鲤跃龙门、麒麟送子、送子观音、狮子滚球、鸳鸯戏水等，还有"福、禄、寿、喜"等字。

土家女子结婚前织西兰卡普，供自己结婚后使用。

（五）靖州雕花蜜饯

靖州雕花蜜饯起源于东周，在五代得到发展，流传至今，已有两千多年历史。它既是独特的糖果食品，又是精雕细琢的工艺品，是结合了美食文化和工艺文化的艺术珍品。靖州雕花蜜饯世间独有，风格独具，已于 2020 年被列入国家级非物质文化遗产。
（图 7-8）

图 7-8　靖州雕花蜜饯

靖州雕花蜜饯的制作过程：一是取材。取未成熟的柚子青果，切片。二是雕花。用柳叶小刀雕刻成龙、凤、花、果、鸟、虫、鱼、叶、兔、虾或"孔雀开屏""喜鹊闹梅""二龙戏珠""双凤朝阳""嫦娥奔月""春燕啄泥""阳雀报春""鱼儿戏水"等图案。三是漂洗。将雕好的蜜饯放水中漂洗。四是拌料。加入白糖或蜂蜜拌浸。五是晾晒。晒干即成。

靖州雕花蜜饯除了用柚子青果制作，还可以用冬瓜、苦瓜、南瓜、南瓜藤、刀豆等做原料，切成长条形、菱形等，制作成扣子结、三耳结、玉簪、兰花、海棠花、仙人柱等形状。

靖州雕花蜜饯甜脆美味，品尝过程中可以感受到其独有的韵味。

(六) 会同竹编

会同竹编最有名的是肖氏家族, 现在的肖氏竹编传承人是肖体贵。肖氏先祖肖正淮于清乾隆年间便开始手工竹编技艺, 竹编历史已达二百多年。

会同竹编使用的工具是竹锯和篾刀, 一件竹编成品需要 10 多道工序, 包括选竹、锯竹、刮青、破竹、破篾、破梗、拉片、刮篾、削磨、编制、刷磨等。所刮制出来的竹篾轻薄如纸, 宽度小于 1 毫米, 所刮制的竹丝能穿针。

会同竹编是全手工天然技艺, 竹篾无须染色。现今肖氏竹编在编织技法上做到了大字里面套小字、大字里面叠小字、使用竹篾不同层次表现色彩等。其传承人肖体贵的代表作《常胜将军》竹画, 是为纪念粟裕大将一百周年诞辰而作。画面有粟裕大将授衔正面像,"常胜将军"四个字在画面中间, 四个大字上面配有粟裕大将 1960 年写的《老兵乐》一诗 (空心字)。在这幅竹编的左侧编有"粟裕将军诞辰一百周年纪念"的竹书字样。其所用篾丝直径仅为 0.9 毫米, 历时 28 个月编成。

肖氏竹编以工艺竹编为主。主要作品除了纪念粟裕大将的《常胜将军》, 还有《正气歌》《满江红》《横眉冷对千夫指, 俯首甘为孺子牛》等众多作品。

会同竹编根据用途分为装饰品和生活日用品两大类。装饰欣赏类竹编作品主要表现山水风景、人物故事、诗作、人物图像、花鸟虫鱼、书法绘画等。生活用品类有茶几、果品盒、桌子、椅子、竹篮、书架等几十种。会同竹编根据造型又分平面类和立体类。平面类有书画、人物、花鸟等张贴作品, 立体类有花瓶、花篮、盘、礼盒及动物摆件等作品。肖氏竹编技艺精湛，国内独有，已被列入湖南省非物质文化遗产名录。

（七）中方斗笠

早在汉朝时，中方人就用竹篾制作斗笠，将斗笠作为遮阳挡雨的生活用品。

中方斗笠（图7-9）编织篾用水竹（淹竹），弓篾（斗笠骨架）用楠竹，圈篾（斗笠锁边）用桃竹。整个制作工序有水浸、破篾、

图 7-9　中方斗笠

编织、插顶、铺棕、摊纸、锁边、刷浆、贴花、刷漆、晾晒等几十道。

中方斗笠根据工艺水平可分为工艺斗笠、日用斗笠、粗制斗笠、细制斗笠、精制斗笠等。品种又分马尾、罗纱、棕式、布式、尼龙式、麻式、纸式等 16 个。

中方斗笠因潘仕权（乾隆皇帝的老师）而闻名，现今已出口至美国、日本、新加坡等多个国家，2008 年被列入湖南省非物质文化遗产名录。

（八）玉屏箫笛

贵州玉屏的箫笛历史悠久，工艺精湛，质量优良，声名远播，被称为"平箫玉笛"。"平箫"约产生于明代万历年间，已有 400 多年历史。玉屏古时候被称为"平溪"，所以生产的箫被称为"平箫"。"玉笛"产生于清雍正五年（1727），因平溪卫改称玉屏县而得名，已有近300 年历史。（图 7-10）

"平箫"和"玉笛"最开始以玉屏生产的一种特有水

图 7-10　玉屏箫笛

竹为原料，以阴山溪边少见阳光、三年以上的水竹为佳。这种水竹拇指大小、肉厚、节长、杆直，而且产量大。砍竹时间在立冬后两个月内。这种水竹主要产自玉屏太阳山和飞凤山上，这里出产的水竹是制作箫笛的首选材料。后来，紫竹、苦竹、斑竹、桂竹等竹类也用来制作箫笛，吹奏效果更显丰富。特别是紫竹和苦竹，用它们制作的箫笛音质音色俱佳。

玉笛制作工序有砍竹、刨平竹节、刮表皮、通内节、打头子、烘烤校直、精刨、弹中线、打音孔、雕刻、水磨、修眼、上漆等数十道。制作平箫还要增加开花窗、开叫口等工序。

玉屏箫笛大都刻有图文。雕刻工序有粘贴图样、脱墨磨字、雕刻字画、水磨纸屑四道。刻字用的刀是单刀，字体有篆书、隶书、行书、草书等，还雕刻有花草虫鸟龙凤等图案。雕刻技法有两种：阴雕和阳雕。雕刻刀法有搠、剔、划、凿、剡、拓、挑等。

雕刻完成后，玉屏箫笛还要经过烘烤上锢水、水磨洗涤、上色、上漆四道工序。经过这样的几十道工序，玉屏箫笛才算完成了。

玉屏箫笛现已成为乐器类驰名产品，是中国著名的地方传统竹管乐器。它有不少辉煌的历史：1913年在英国伦敦举行的国际工艺品展览会上获得银奖，1915年在巴拿马举行的万国博览会上获得金奖，2006年成功被列入国家级非物质文化遗产名录，2009年成为全国首个地理标志类的乐器产品。在玉屏县，以箫笛命名的街道、小区、建筑、酒店、商品等比比皆是。

第八篇
多彩风情，奇异民俗

　　特殊的地理环境，加上民族世居、迁徙等原因，五溪地区的人们创造了别具一格的风土人情画卷。这里的巫傩文化历史悠久，神秘莫测，这里的传统民俗风格独特，丰富多彩，这里的婚丧嫁娶习俗古老而又富有魅力。本篇主要介绍五溪地区的巫傩文化和民俗风情。

一、巫傩文化

　　湘西地区的巫傩文化主要以湘西州为核心。它是一种歌舞形式，也是一种文化风俗，更是一种神秘的民间活动。"巫"文化主要反映五溪地区少数民族古老的祭祀、礼仪、祈祷等内容，以及对人和自然的启蒙解释，带有宗教迷信色彩；"傩"文化本身来源于汉文化，流入五溪地区与"巫"文化结合，便成了"巫傩"文化。它们的共同点就是迷信教义、鬼神，依据一定的解释为人们避祸驱邪和排忧解难。

　　"巫傩"文化在五溪地区的典型形式是巫师或道师主持祷告、祭祀、法事等活动，后又进一步演化，表现为多种多样的歌舞活动，如傩戏、咚咚推、毛古斯等。

（一）巫傩文化简介

　　巫傩文化历史久远，起源于上古时期的祭祀活动。远古时期，人类尚未完全开化，不能理解天地万物的变化，把天地万物的运转归结于"神"的主宰，于是有了各种各样的神，如风神、雷神、水神、灶神、土地神等。当时的人们认为，日常诸事，都应请示神灵，而能做到人神通话的，就是"巫"。

　　在巫傩文化中，依据字形来理解，"巫"上面一横指天，下面一横指地，中间一竖是连通天地的意思，左右各立一人，"巫"字合起来的意思即指人与天地之间的对话。在远古时代，相传"巫"

是部族首领，只有这样身份的人才能与天地诸神对话，为人们排忧解难。到了殷商时期，大兴祭祀之风，便有了"巫师"这种专管主持祭祀活动的人员。一般来说，"巫师"必须是位高权重的人才能担任。

在巫傩文化中，依据字形来理解，"傩"左边是人，右边是难，可以理解为为人排忧解难。谁能为人排忧解难呢？就是"巫师"，于是"巫傩"便结合在一起了。

巫傩活动就是人通过祭祀活动与天地对话，为人排忧解难的活动，是古代祭祀文化的具体形式与内容体现。

湘西地区的巫傩文化比较典型，相传苗族的先祖蚩尤当初与黄帝大战，战斗惨烈，为了打败炎黄帝，蚩尤首创巫教。蚩尤战败后，他的族群及后人不断迁徙，最后来到了五溪地区。五溪地区地处偏远，人们得不到上天的照顾，加上长期生活在恶劣环境与民族斗争之中，于是形成了崇拜祖先、万物有灵的"巫"文化信仰。后来，中原地区的傩文化渗透到这里，渐渐形成了独具特色的巫傩文化。

屈原被流放时创作的作品，对五溪地区的巫傩文化也有所体现。如《离骚》《九歌》等，它们都从一定角度勾勒出了五溪地区巫傩文化的画面。

五溪巫傩文化的表现形式由祭祀活动演变而来，主要表现为三类：第一种是祭祀仪式，表现敬请神灵、人神共语、驱邪送鬼之意。如驱邪、道场、还愿、占卜、画符等。这类活动由巫师（法师）主持，他着青衣、红袍、凤冠（或老君帽）等，法器有师刀、法印、法鞭、锣鼓、令牌、令旗、铜铃、唢呐、牛角号、卦等。第二种是傩技（巫术），表现为显示法力的巫师（法师）的表演。如上刀山、下火海、法水、画符、过红山（踩犁口）、提米坛、下油锅、定鸡等。第三种是傩戏，表现为傩舞和巫歌的表演。如道场中的驱邪送鬼、毛古斯、咚咚推、傩堂戏等。

（二）巫傩文化样式

1. 傩戏

傩戏也称"傩堂戏""傩愿戏"，是一种以祭祀为主要目的和内容的古老戏剧，它由巫傩文化中的"万物有灵""天地相通""人神相通""灵魂不灭"的信仰而来。傩戏广泛存在于汉族之中，传入五溪地区后，与当地少数民族文化融合，又具有了特殊意义。

傩戏剧目分类有多种，基本可分为正戏和副戏。正戏也称正本戏，主要为法事戏；副戏又称杂戏，是法事之外的戏，如还愿戏。傩戏还可以分为正本戏、小戏和外台戏。傩戏有固定的面具（又称"脸壳"或"脸子"），一般来说，全堂戏有 24 副面具，半堂戏有12 副面具。面具一般用木材雕刻，做成各类形状，涂上颜色。

傩戏将傩祭、歌唱和舞蹈结合起来，将宗教与艺术、法术与杂技结合起来，主要剧目有《天仙送子》《龙王女》《白望送娘》《拷打小桃》《搬开山》《搬土地》《白旗先锋》《罗成带箭》《开山砍五路财》等。傩戏开始前，先在堂上设神坛，坛上供奉的神仙有始祖神、傩公、傩婆等。

傩戏表演者被称为巫觋、祭师或者法师，法师是最常用的称呼。他们被视为沟通神鬼与常人的"通灵"者，表演时戴上面具，模仿神鬼动作。傩戏表演者分为生、旦、净、丑四大行当。傩戏表演分三个阶段：开坛（迎神法事）、开洞（打开洞门、表演傩戏）、闭坛（送神法事）。傩戏过程中有喷水画符、过火坑、过火海、踩火砖、捞油锅、吞吐火、咬铧口、踩刀梯等傩技表演。

傩戏班称"坛"，傩戏班班主称"坛主"或"掌坛师"，人数相对稳定，一个傩戏班由8—10人组成。

傩戏已被列入国家级非物质文化遗产名录，按地域可分为沅陵辰州傩戏、鹤峰傩戏、恩施傩戏等。

2. 咚咚推

咚咚推是一种古老的傩戏，现主要存在于新晃侗族自治县西南的贡溪镇天井寨。它因表演时击打鼓发出"咚咚"声和击打锣发出"推推"声而得名。它已于2006年被列入国家级非物质文化遗产名录。

咚咚推一般在春节期间演出，也有在六七月表演的。全寨男女老少都参加。大体规制是：村民戴着用楠木雕制的面具，伴着"咚咚"的鼓声和"推"的小锣声，在地上脚踩三角形的步法，不停地跳跃行进。其目的是祈求来年风调雨顺，五谷丰登。其中一个必演剧目是《跳土地》。剧情为一个戴着农人面具的人上场，称自己是耕田种地的天井寨农人，继而一个戴土地神面具的人上场，称自己是保佑五谷丰登的土地神。农人到土地庙前作揖，土地神便和农人见面。农人向土地神提出诉求，希望本地百姓农事顺利、风调雨顺、村民安康，土地神则一一答应。看戏的人便喜形于色，相互祝贺。

随着时间推移，咚咚推也得到了演化发展，加入了一些汉文化元素，形成了不少剧目，如《华佗救民》《古城会》《癫子偷牛》《关公捉貂蝉》等。

3. 毛古斯

毛古斯是土家族古老而原始的舞蹈，最初起源于祭祀仪式，主要流行在湘西自治州土家族聚居区的保靖、龙山、永顺、古丈，以及张家界、永定、慈利、酉阳、秀山、来凤、宣恩、咸丰等地。2006 年毛古斯被列入国家级非物质文化遗产名录。

毛古斯意思是祖先的故事。演出时，演员身披稻草，头发扎成几条辫子，打扮成土家族祖先"毛人"的模样。它演出时间一般在春节期间，也可以在一些重大活动、节日中表演，它常和摆手舞一并演出。演员均为男性，一般十五人左右，除赤脚外，全身捆满稻草。演出剧目比较固定，内容大都反映农家、农事，如《扫除瘟疫邪三气》《赶山打猎》《下河捕鱼》《抢亲成婚》等。

毛古斯表现的内容包括纪念祖先和反映农耕生活，演出角色有老毛古斯和小毛古斯。剧中土王管家询问他们的生活问题，回答中有"吃的棕树籽""穿的棕树叶""住的草堆"等；问"谁是阿爸"时，老小毛古斯都回答自己是阿爸，他们还分不清楚谁是阿爸，而老毛古斯最后承认自己是"阿爸"，这反映的正是母系氏族社会向父系氏族社会转变的情形。

二、民俗风情

五溪地区既保有中华民族共同的文化，如中华民族传统的节日在五溪地区同样存在，又有本地民族的节日和文化活动，如侗年、苗年、芦笙节、吃新节、三月三（又称播种节、干巴节）、牛神节、斗牛节、赶秋节、花山节（也称采花节）、闹冲节、踩鼓节、歌堂节等。

五溪地区的龙舟、龙灯、花灯别具特色。这里的龙舟、龙灯、花灯种类繁多，表演多姿多彩。

五溪地区的婚嫁丧葬则风格各异，礼仪复杂。

（一）民族节日

1. 芦笙节

芦笙节最初在苗族族群中产生，然后传到多个民族中。五溪地区的苗、侗、瑶、壮、水等民族都有吹芦笙的习俗，但在苗族、侗族聚集地更为盛行，因而有芦笙节。

芦笙节的演出时间一般不固定，传统重大节日，如春节、三月三、吃新节、苗年、侗年等都可能表演，也有一些地区有固定的表演时间。节日期间，芦笙场周围几十上百公里的男女老少都会赶来参加活动，人们在芦笙场中围成一个个圈，一层一层的，男子吹芦笙，女子跳舞，其间还会有赛马、斗牛等活动。

　　五溪地区有名的芦笙场（堂）有贵州凯里市舟溪镇河沙坝芦笙场（表演时间在农历正月十六至二十一日）、贵州黄平谷陇大寨芦笙场（表演时间在农历九月二十七至二十九日）。

　　芦笙节来自一个传说。相传在古时候，贵州舟溪的南寨中一个苗族姑娘出生了，她聪明美丽，取名为阿旺。她绣的花能招引蝴蝶蜜蜂，她喂的猪又肥又壮，她唱的歌婉转动人，苗寨人都把她捧为掌上明珠。而这一切被山上的野鸡精发现，想霸占她。野鸡精凶残恶毒，平时常变成猛虎咬死耕牛，变成妖风掠空庄稼，变成恶狼叼走孩子。它为了获得阿旺好感，变成大财主上门提亲，被阿旺的父亲拒绝了。之后，它又变成帅气的男子向阿旺求爱，阿旺看出它虚情假意，坚决不同意。野鸡精恼羞成怒，原形毕露。一天傍晚，野鸡精作法，刮起一阵妖风，把阿旺掠走。乡亲们知道后，义愤填膺。大家打起火把，来到野鸡精藏身的后山，把后山团团围住。青年猎手们群情激愤，他们组织"打鸡队"，准备打死野鸡精，救出阿旺。决斗开始，野鸡精发出怪叫，煽动妖风，威胁众人。人们也不示弱，吹起牛角，敲响锣鼓，发出吼声。野鸡精施展妖气，张开巨翅扑向人们，猎手们奋勇争先，勇敢地射出利箭，吓得野鸡精逃回后山。就这样僵持了几天，分不出高下。这天，苗族青年猎手茂沙来了。茂沙力大无比，勇敢正直，他听说人们在打野鸡精，于是骑着骏马赶来助阵。他手执宝剑，与野鸡精展开殊死搏杀。乡亲们齐声呐喊，为茂沙助威。无数回合下来，野鸡精斗不过茂沙，欲展翅逃走。人们射去很多箭，都被野鸡精抖落。茂沙收剑拉弓，一箭正中野鸡精咽喉。这正是野鸡精的致命之处，它惨叫一声倒地而亡。大家救出阿旺，茂沙拔下三根野鸡精的野鸡毛，送给阿旺作为护身之用，嘱其保重，然后骑马告别阿旺和人们，继续远游。阿旺由此对茂沙心生爱恋，可茂沙云游四方，杳无踪影。阿旺茶饭不思，日渐消瘦。阿旺的父亲心中着急，却无计可施。此时正值新春佳节，阿旺的父亲到后山砍来翠竹，做成很多可以吹奏的芦笙，邀约十里八乡的人们来舟溪唱歌、跳舞、吹奏芦笙。茂沙知道后，也来参加表演活动。在芦笙会上，阿旺和茂沙欣然相会，彼此倾心。阿旺选中一支芦笙，在上面插上三根野鸡毛，系上花丝带，送给茂沙作为爱情信物。茂沙则取下银手镯，回赠给阿旺。就这样，有情人终于走到了一起。之后每到正月十六至二十一，舟溪人们便有了芦笙会的习俗。

2. 三月三

三月三亦称"上巳节"，也称女儿节，它是中华民族的传统节日。古时以三月第一个巳日为"上巳"，多逢三月初三，这在汉朝初年就有记录。魏晋开始，将三月三定为上巳节，一直被后来的朝代沿袭。而在五溪地区，它是五溪地区汉、侗、苗、瑶等民族的重大节日，各民族对三月三都很重视。不过各民族对这节日的称法各不相同，汉族称上巳节，苗族称挑葱节、对歌节，侗族称播种节、花炮节、讨葱节，壮族称歌仙节，瑶族称干巴节，土家族称女儿节，等等。

吃荠菜煮鸡蛋，赶歌圩对歌、祭高祖、吃五色糯米饭、抛绣球传情、抢花炮、碰彩蛋、打扁担、打铜鼓等，是三月三常开展的活动。

湖南洪江黔城，贵州镇远、贞丰、望谟，广西武鸣的三月三比较典型。上述各地的三月三别具特色、内容丰富，已经入选国家级非物质文化遗产。

3. 苗年

苗年盛行于贵州黔东南州的雷山、台江、剑河、从江，湖南湘西州的凤凰、吉首，广西融水，重庆秀山、酉阳等地。苗年的日期并不固定，需要用我国天干和地支相合的六十甲子来推算，大多都是秋收后，可以从农历九月开始，一般在十月或十一月的辰（龙）日或卯（兔）日、丑（牛）日举行。西江千户苗寨的苗年在十月初六至初十举行。

苗年类似汉族的春节，有打粑粑、杀猪、祭祀等活动，节日期间，苗族人的基本活动还有打扫卫生、打糯米粑、酿米酒、打豆腐、杀年猪、做香肠、吃年饭、守夜、放鞭炮、吹芦笙跳舞、斗牛等。

苗年活动内容丰富，具有鲜明的民族特色，已于2008年被列入国家级非物质文化遗产名录。

苗族人除了苗年以外，还有四月八、吃新节、斗牛节、捕鱼节、赶秋节、跳香节等节日。

4. 侗年

侗年主要流行于贵州黔东南州的黎平、榕江、锦屏，湖南通道、靖州，广西龙胜、三江一带。侗年也称小年，时间一般在农历十月底或十一月初，形式和汉族的春节差不多。多地侗年，如广西龙胜侗年、贵州榕江侗年，已被列入国家级非物质文化遗产名录。

此外，侗族还有不少具有民族特色的节日，如播种节、吃新节、斗牛节、花炮节、大戊梁歌会等。

（二）龙舟风情

1993 年，考古工作者在辰溪县征溪口（沅水岸边）遗址出土的 6800 年前的陶钵上，发现类似众人划龙舟的图案。据《湖南通志》载："龙舟竞渡，最早始于武陵。"这里所说的武陵，是现在的溆浦，古时曾是武陵郡治地。

划龙舟的时间，各地有所不同，有五月初五的，有五月初十前后的，有五月十五的，还有五月二十五前后的。下面介绍几个地方划龙舟的情况。

1. 沅陵龙舟

宋代朱辅对五溪龙舟曾有记述，据他所写的《溪蛮丛笑》载："蛮乡尤重端午，不论生熟界出现竞渡，三日而归。既望复出，谓之大十五。船分五色，皂船之神尤恶，去来必有风雨。"这里描述的就是当时辰州（今沅陵）的龙舟赛。

在沅陵，制作龙舟的木料必须是偷来的，如果偷木料时被主人追赶最好。这种习俗一直保留到今天。

沅陵龙舟分为红船、黄船、白船、黑船和菜花船，以村为单位。农历五月初五至十一日，龙舟队便在沅水上训练，五月十二日至十五日竞赛。竞赛时，红船为一派，黄、白、黑船为一派，菜花船为一派，锣鼓齐鸣，喊声震天。沅陵龙舟赛是怀化最盛大的龙舟赛。

2002 年，沅陵被中国龙舟协会授予"中国传统龙舟之乡"的称号，沅陵龙舟已被列入国家级非物质文化遗产名录。

2. 麻阳龙舟

麻阳人大部分是苗族，他们以盘瓠辛女为始祖。传说盘瓠和辛女结为夫妻，在湘西自治州的泸溪、武溪生活，生下六男六女。盘瓠会在晚上从麻阳漫水顺流而下，到泸溪辛女村与辛女约会。天亮之前，盘瓠变成狗离开。其子女不知道父亲是谁，一头牛道破天机，儿女们知道父亲是狗后，认为这是奇耻大辱，于是杀死了狗，丢进沅水。辛女悲伤，道出原因，儿女后悔不已，划船到江中寻找，而狗已化作白龙升天了。

麻阳的龙舟活动，有基本的程序：五月初一，在盘瓠庙前做祭祀活动，用杀死的牛（后改为猪）做祭品，谓之"开神门"；五月初五，将龙船抬到河里，安上雕花龙头，每房族划一条龙舟，划到沿河各盘瓠庙前，举行祭祀活动，内容为纪念盘瓠，谓之"接龙神""参龙神"；至五月十一，划龙舟活动结束，将龙舟洗干净，抬回龙船寮，再回到盘瓠庙，祭祀聚餐，龙舟活动结束。

3. 辰溪龙舟

在辰溪龙头庵、黄溪口、仙人湾一带，当地的人们至今依然在使用方头龙舟。这种方头龙舟，相传曾出现在6800年前的陶钵上。在40千米的河岸两边，建有龙船寮三四十座。这种长形木质建筑，宽七八米，长四五十米，专供龙舟停放。

这种方头龙舟长约50米，尾部高高翘起，像燕子尾，或称狗尾。传说辰溪地区曾出现滔天洪水，庄稼尽毁，全凭一只狗用尾巴粘几粒粮食过河，才保住了种子。

这里的人们以家族为单位组织龙舟队，一个家族有固定的服装颜色，分成红船、黄船等。龙舟下水前，要在船头摆放祭品，举行祭祀仪式，由家族长老主持，抬龙舟下水时，特别之处是除有敲锣打鼓，还有两位唢呐手随船吹奏。比赛往往以两船相竞的形式进行。两船船头靠拢呈"八"字形，船头各有一壮汉，扳着对方的船，力图阻止对方向前。两船一旦分开，壮汉一定会把对方的船往后推，而把己方的船向前推。

4. 安坪龙舟

在辰溪安坪镇，当地人把龙舟竞赛称为"掐龙舟"。他们不是以竞渡速度作为评判标准，而是以双方船头壮汉角力强弱来决胜负。"掐龙舟"的时间是农历五月十三到十五。

"掐龙舟"的船为方头宽肚船，长 10 余米，中舱立杆挂锣，摆牛皮鼓，由两人掌控。比赛开始，所有龙舟在河面上穿行，时而激战，时而舒缓。船头壮汉负责搜寻目标，一旦发现对方响应，便配对成功，抱拳之后，两船靠拢，船头并行。两壮汉通过推搡、拉扯等方式，如将对手推下水，或拖到己方船上，或卡住对方不能动弹者，则视为获胜。这种赛龙舟方式在我国也是绝无仅有的。

关于"掐龙舟"的来历，当地有这样一种传说。相传安坪一带河宽水缓，在清朝时曾是湘军水师的训练基地，士兵就是这样在船上搏击操练的，当地百姓于是将这样的方式放进龙舟比赛中来了。

5. 镇远龙舟

镇远的龙舟比赛过程精彩，声势浩大，声名远播，镇远龙舟队曾多次参加国家级龙舟比赛并创佳绩。

镇远龙舟以村寨为单位。船体造型美观，船头置龙头，船尾安龙尾，五彩斑斓，分为红龙、白龙、青龙、紫金龙、黄龙、菜花龙等。此外还有一种故事船，船上的孩童演出各种戏文，如《屈原问天》《单刀赴会》《白蛇传》《济公醉酒》等。龙舟比赛时，在镇远古城的潕水河里及沿岸，热烈非凡，锣鼓声、铳炮声、唢呐声、喊叫声响成一片。

开赛当天的清晨，四人抬着龙头，将其运到城东青龙洞洞口举行祭祀仪式，有儒、释、道三教法师等三十余人到场，中元禅院法师为龙头念《金光咒》，由当地最有名望的人为龙头点睛（朱红色），众法师向龙头祭酒，一同三拜龙头，然后由玉皇阁道长念《祭龙词》，众法师一同向龙头洒水。这种不同宗教法师一同祭祀龙头的形式在其他地方很少见。

祭祀结束，一行人再抬着开过光、点过睛的龙头，到镇远街上巡游。街两边的店铺，摆上香案迎接。在锣鼓喧天之中，一行人把镇远老街走完，最后到码头上船，开始龙舟比赛。

镇远龙舟色彩缤纷，形式独特，已于 2011 年被列入国家级非物质文化遗产名录。

（三）舞龙灯

舞龙灯是中华民族的古老文化习俗，起源于远古时期，历史悠久。现今，舞龙灯已经遍及中国，家喻户晓，并且在东南亚、欧美、澳洲等华人居住区，都有舞龙灯表演。

1. 来源传说

关于舞龙灯起源的传说有很多，比如浙江苕溪百叶龙的传说，山西晋阳金角龙王的传说，浙江灵溪板凳龙的传说。这里介绍在五溪地区土家族中流传的舞龙灯传说。

相传很久以前，土家族居住区久旱无雨，田地干裂，溪河断流。一天，来了一位叫"鬼谷"的算命先生，他对大家说："大家不要愁，我算到今天午后未时（指下午一点到三点）排云，戌时（晚上七点到九点）下雨，城内下三分，城外下七分。"此话被负责布雨的龙王听到，它心生不满，后来龙王把雨反转过来下。玉皇大帝知道此事后，认为龙王有违圣旨，非常恼火，将龙王打入死牢，七天后斩首示众。观音菩萨知道后，于心不忍，想为龙王求情。玉皇大帝预先知道了观音菩萨的用心，没待菩萨开口，便用阴剑把龙王斩成九节。土家人尽管因老龙反转下雨深受其害，但仍感念它曾为老百姓做过不少好事。于是，他们制作九节金龙，走村串寨起舞，以示对龙王的祭奠。久而久之，这一活动演变成了舞龙灯的习俗。

"龙灯"一般由龙头、龙身、龙尾三部分组成，另外加一个彩球。主要制作材料有竹、木、布、纸、颜料等。舞龙灯的"龙"形态各异，千姿百态，有上百种之多，如火龙、竹龙、草龙、毛龙、布龙、滚龙、人龙、纸龙、段龙、柳条龙、花龙、醉龙、荷花龙、竹叶龙、板凳龙、扁担龙、七巧龙、焰火龙、夜光龙等。龙的长度不等，节数也不尽相同，有七节、九节、十三节等。

2. 土家龙灯

（1）灯笼龙。

灯笼龙又叫保龙、洞洞龙、灯龙，在湖南湘西自治州永顺、保靖等地，重庆东南部，贵州东部比较盛行。一般正月初三出灯，十五结束。灯笼龙一般有九节，龙头的骨架用竹条扎成，然后糊上白纸，纸上涂上各种颜色，再配以角、眼、嘴、胡须等，形态逼真。龙身用竹篾扎成圆筒形状，共有九个圆筒，然后在外糊上白纸，涂上不同的颜色。龙尾用竹篾扎成鱼尾形状，同样蒙上纸。最后用不同颜色的布带将龙头、龙身、龙尾全部连接起来。在龙身的竹筒内点一盏蜡烛灯，灯笼龙就做成了。

舞灯龙时，龙灯队由二至四对排灯开道，灯上标明村寨的名字，之后是虾、鱼、虫、蚌壳灯之类，随后是龙灯，还有敲锣打鼓、放鞭炮的人行队伍等。龙灯队走村串户进行表演，到正月十五结束时，他们把龙灯放到水边，对着它燃放烟花爆竹，最后将龙灯残骸放入水中，送龙归海。

（2）草把龙。

草把龙以稻草为主要材料，编织成龙头、龙身和龙尾，总共九节。每节插上一根竹竿或木棒，当作舞龙人的手把。土家族在五月、七月间舞草把龙，含有驱瘟、防火之意。舞龙形式和灯笼龙相似。舞龙当天，舞龙队通知各家各户，各家各户在木屋的中堂放一盆水和一筛五谷杂粮。舞龙队舞着草把龙，用一根长约一丈从中破开成两块的竹子，围合起来，中间装一盆炭火，做成船形。舞龙队在"老土司"的带领下，走村串户。每到一户人家，龙头便向中堂神龛点三下头，然后绕屋一圈，舞出几个花样。接着射水人员用射水筒吸主人家放的水，向屋子东南西北中五个方向射水以示灭火，"老土司"则抓起主人放的五谷杂粮向屋子东南西北中五个方向抛撒，以示五谷丰登。舞龙队舞着草把龙走遍所有人家后，一行人和观看的众人会将草把龙抬到溪河边烧掉，舞龙活动宣告结束。

（3）板凳龙。

板凳龙有两种：一种是用农家普遍都有的四方木桌的长条高

凳，不做任何装饰，三人抬举高凳进行表演；另一种是把用竹篾扎成的龙灯固定在这种板凳上，做成龙形后再进行表演。舞板凳龙有两种方式：一种是独凳龙，只有一条板凳，三人舞；另一种是多凳龙，取农家里九条长凳组成一支舞龙队进行表演。

（4）泼水龙。

舞泼水龙这一盛大的民俗活动，在湖北恩施、湖南湘西自治州、重庆东南部等土家族聚居地流行，一般在农历六七月举行。整条龙用柳树条扎成空心状，加上一个圆形滚宝。龙分为十二洞（节），意为十二个月。舞龙这天，各家各户门前事先准备好水盆、水枪、瓢之类物品。当吹牛角、吹唢呐、敲锣打鼓的舞龙队伍舞到自家门口时，便朝龙奋力泼水，泼水越多，寓意来年风调雨顺，收成越好。

（5）滚龙。

在贵州松桃县寨英镇和江口县怒溪镇一带，有舞滚龙的习俗。寨英一带舞滚龙的时间是每年的正月十三日。寨英镇舞滚龙的历史比较久远，相传是该习俗的起源地，该镇被称为"滚龙艺术之乡"。滚龙制作精美华丽，全长30多米，共17洞（节），由34人或者60多人轮番舞动。滚龙是用九根拇指粗的竹篾捆扎连接成整个龙身的龙骨，龙骨外面用上百来个直径二尺左右的篾圈等距排列成龙身，再用白布蒙在篾圈外面，或者直接用各色布蒙上，做成龙头、龙身、龙尾，涂上各种颜色，装上彩灯。滚龙一般在夜间舞动，有飞舞翻腾的激烈动作，五光十色，锣鼓喧天，铳炮齐鸣，热闹非凡。

（四）花灯

花灯，又名灯笼，起初用于照明。汉武帝时期，皇宫举行祭祀活动，要通宵达旦，于是用灯笼照明，这一做法逐渐演变为一种民间文化活动。花灯一般采用竹木做骨架，用纸或绢做外皮，里面放蜡烛或灯泡。花灯通常在春节期间或其他重要节日中展示。五溪地区的少数民族将汉族的花灯与本地民族的歌舞文化结合起来，形成了具有地方特色的花灯样式。南宋诗人陆游在他的《老学庵笔记》中记载了五溪花灯："辰、沅、靖州诸蛮……上元（元宵节）时，则入城观灯。"

1. 秀山花灯

秀山花灯主要流行在重庆秀山县的兰桥、平凯、峨溶、溶溪等地，也称花灯戏、跳花灯。秀山花灯缤纷多姿，活泼热烈，百姓喜闻乐见，因此秀山有"花灯歌舞之乡"的美誉。光绪年间的《秀山县志》载："上元（元宵节）灯光华丽，鱼龙曼衍，平快（现秀山平凯镇）最盛。"这说的就是每年正月新春的元宵节的花灯展演。秀山花灯因为特色鲜明，影响深远，已于 2006 年被列入国家级非物质文化遗产。

秀山不少乡镇都有灯班（表演花灯的团体），每个灯班的人数由几人到十几人不等。灯班表演一般从正月初二开始，至正月十五结束。灯班正式演出前，由灯师首先领唱《安位》《开光》等花灯调，然后祭祀灯神金花大姐、银花二姐，最后齐唱《起灯》出发。灯班一行人吹唢呐，敲锣打鼓，走村串寨，开始巡游表演。

秀山花灯中最有特色的是跳灯。在村寨院落找一块空地，大多在屋前空坪，如表演高台花灯就用两三张八仙桌叠起来，两位艺人站在最高的桌台上表演。如表演灯儿戏，还要临时搭一个戏台表演。

秀山花灯的种类主要有四种：单花灯、双花灯、群花灯和灯儿戏。由一旦一丑两人演唱表演，叫花灯二人转，称为"单花灯"；如果由两旦两丑四人表演，则称为"双花灯"；由多人表演的花灯叫"群花灯"；灯儿戏是以花灯曲调演唱的载歌载舞的民间小戏，有小旦小丑"两小戏"，也有一旦一丑一生的"三小戏"。秀山花灯表演有一定的曲调，曲调分"正调"和"杂调"两种，有固定的剧目，主要剧目有《黄杨扁担》《小媳妇》《牧童看牛》《箍桶匠》等。此外还有《一把菜籽》《三碗饭》《上茶山》《玉乐瓶》《闹江州》《盘花》等五百多种。

2. 麻阳花灯

《麻阳县志》载："山城卢阳（属麻阳）位于锦江之上……每年上元初至中元十五为灯光佳节，红男绿女，扶老携幼，锦其衣，盛其饰，扎灯鱼龙而戏之，以花炮灯绕而嬉戏之。笙歌悠扬，鼓乐振之。"这记载了麻阳花灯的演出盛况。

早年，麻阳村寨都有灯班，按姓氏分灯班，灯班有领头人，即"灯头"。花灯有苗族题材，如盘瓠大王、飞山大王等；也有汉族题材，如南岳大王、灵宝大王等。

麻阳花灯在夜间进行。首先由"灯头"带领大家进行祭祀，然后出行。灯班先安排三人先行开路，一人前去各家各户下帖，一人举姓氏灯，一人举堂号（如田姓"紫荆堂"、滕姓"南阳堂"等）。到了邻寨院落，首先"扎营"（放灯）、"打圆"（诸灯放在一起），然后唱"二十八宿"，然后进行花灯歌舞演唱。

麻阳花灯曲目分"武花灯"（没有故事情节）如数蛤蟆、十二月采花等，"文花灯"（有简单故事情节）如乌龟讨亲、盘花、扯笋等。角色分小旦、小丑等，使用的道具有折扇、手帕。小旦舞蹈以腰为轴心，摆动身体，手执折扇或手帕；小丑以身子呈骑马状、两脚走"矮子步"为特色。曲调有民歌、小调、号子、傩腔等。

3. 黔东花灯

这是流行于贵州铜仁梵净山一带的花灯。据《铜仁府志》载："上元节，用姣童作时世装束，双双踏歌，衣饰华好，音词清婉，谓之闹元宵。"

黔东花灯的表演团体被称为"灯会"，或者叫灯班。灯班一般以村寨或姓氏为单位。黔东花灯一般在新春期间表演，表演的时节不同，花灯的称呼也不同，如"虫蝗灯"（农作物生长的时节）、"青苗灯"（五月禾苗返青时节）、"丰收灯"（稻谷收割时节）等。

黔东花灯又叫"转转灯"。"转转"是花灯表演者的歌舞组合方式，有一丑一旦的两人演唱；也有一丑一旦一生的三人演唱。表演者手拿手帕和折扇，使用各种步法、手法和扭腰的方法，舞蹈动作有"三照""三推""亮扇""舀水""望月""泼水""过场""开弓"等，如"蚂蟥伸腰""牛探背""蚱蜢伸腿"等。曲调有汉族的江南丝竹《茉莉花》《雪花》等，也有苗家、土家民歌小调《上茶山》《给干妈拜年》《闹五更》等。剧目大都取材农村生活，如《拜年》《刘三妹挑水》《放牛拦妻》等。

黔东花灯出行前，会派人到村寨各户挂红灯笼，然后"散帖子"，进入村寨需要征得对方的同意。来到村寨前，寨门紧闭，灯班要唱《拦门茶》才会开门；进入每户人家，都有院门，户主同样要关上院门，灯班要唱《开财门》，主人才会开门迎接灯班进入院子。进入院子后，灯班先走"龙行步""凤穿花"，寓意龙凤呈祥；然后演唱《迎神调》《安财神》《跳团圆》等，接着表演《正采茶》《倒采茶》《盘茶》等；最后演唱《辞神》，灯班领了主人打赏后离去。

（五）婚嫁丧葬

1. 没有洞房的婚礼

婚礼当天新人没有入洞房，而是在婚礼结束后一段时间才入洞房，这个习俗存在于怀化靖州三锹乡一带。

迎接新娘：新郎不去迎娶，而是由新郎的六位亲友（称"六亲客"）前往女方家迎亲。到了晚上，由女方宴请"六亲客"，席间唱"歌鼟"的苗歌，包括茶歌、饭歌、酒歌。新娘在娘家的最后一晚，由女伴陪唱哭嫁歌，基本是通宵达旦。

新娘离家：拂晓时分，盛装打扮的新娘拜谢父母，随后新娘由兄弟背着离家，行一两里路才自己步行。新娘父亲则一手为新娘打伞，一手提马灯，照着新娘前方的路。嫁妆很简单，主要是新娘婚前织的布料花带或被褥。

新娘进婆家：新娘由女方女伴陪同来到婆家门口。新娘和迎亲的小姑一起点燃一堆柴火，而后新娘从火堆上跳过，寓意家门兴旺。进屋前，婆婆要在新娘衣服不显眼处找到一根由新娘母亲藏着的穿了红线的针，寓意婆媳日后无口角之争。随后由婆婆陪新娘进屋，屋门上挂一只竹筛，寓意筛去邪恶；门外放一只猪潲桶，要由新娘提进屋里，寓意勤劳。

第一晚：新娘陪寨子里讨花带的年轻男生唱歌，一直唱到第二天拂晓甚至天亮，然后将带来的花带送给男生们，寓意他们交好运。

第二天：早餐后，新娘便和娘家女伴、小姑一道唱着歌，去门前水井担水，如果水井太近，则绕道走远路，一般要走三个小时左右，边走边唱，最后才挑一担水回家。然后再跟女伴和小姑一起，去各家各户赴宴席。新郎则在家宴请宾客，唱"歌鼟"。这一活动往往持续到第三天天亮。

第三天：男方准备好糍粑和一两桌饭菜，由人挑着，和送亲客一同送新娘回娘家，新郎新娘这才得以短暂见面。娘家人会在半路上迎接姑娘，男方则将挑来的酒肉饭菜摆开设宴，以示对女方家人的感谢，席间又唱"歌鼟"，然后，新郎眼巴巴看着新娘被娘家人接走，没洞房的婚礼就此结束。

大约过了十天半个月，长的甚至数月，新娘由新郎接回婆家，这才进洞房。

2. 土家族哭嫁歌

土家族嫁女有哭嫁的习俗，这种习俗十分有特色。

哭嫁歌内容丰富，主要涉及对父母亲人的依恋，对生活的抒怀，对儿时伙伴的不舍，对婚姻的喜忧态度，对媒人的"怨怅"等。

《永顺县志》载："嫁前十日，女纵身朝夕哭，且哭且罗离别辞，父娘兄嫂以次相及。嫁前十日，曰填箱酒，女宾吃填箱酒，必来陪哭。"

嫁前十日左右，出嫁姑娘就开始哭嫁，同时还会邀请九位年轻姑娘一同来陪哭，这被称为"陪十姊妹"。大家来到新娘家里，围坐在新娘的闺房里，依次来唱，唱彼此间的情谊或传统的哭嫁内容。

哭唱"戴花日"：出嫁前一天晚上，是新娘哭嫁的高潮，通常会持续一个通宵。父母、姊妹、叔伯、兄弟，以及其他亲戚朋友都会前来陪唱，新娘唱到一对夫妻，就由其中的女性对唱。如唱父母，则由母亲对唱；唱兄嫂，则由嫂子对唱；唱姑舅，则由姑姑、舅妈对唱。其中还有一个程序是"骂媒人"，对婚事满意就假骂，不满意就真骂。

出嫁前的梳妆打扮歌则更是具体。用麻线修理眉毛，就唱"哭扯眉毛"，梳头发唱"哭梳头"，佩戴花饰唱"哭戴花"。新娘的装束打扮称为"露水装"，要从头到脚进行下列哭唱：打扮头部唱"包露水帕"、穿上嫁衣唱"穿露水衣"、穿出嫁绣花鞋唱"穿露水鞋"。吃娘家最后一餐饭又唱"离娘席"，其中摆碗筷唱"撒筷子"，上菜唱"出菜"……离娘家唱"辞祖宗"，撑伞动身唱"哭打伞"，出门时要踩在盛稻谷的斗上，唱"哭踩斗""哭出门"，上轿唱"哭上轿"，一路唱下去，一直唱到新郎家才算结束。

3. 花瑶婚俗

花瑶是瑶族中的一支，大多居住在湖南溆浦县山背村与隆回县虎形山一带，他们的婚俗也别具一格。花瑶人说媒的不是媒婆，而是"媒公"。

订婚：没有媒婆，由媒公往来说媒。当男女双方经过媒公沟通，有订婚意向了，就由媒公从男方家带上一只大公鸡和一把红色油纸伞到女方家去。首先，媒公来到女方家村口，经过特定的仪式后，接着喝女方家在村口、禾场、堂屋门口摆上的三道拦门酒；进到堂屋，把大公鸡交给女方家长，意为有一名男子来提亲；再把红纸伞放在神龛上。女方如果同意婚事，则在油纸伞内挂上十二个丝线布球，回送给媒公。媒公在女方家受到款待之后，会去男方家回信，此时女方的妹妹们会手捏稀泥巴追上前去，在媒公身上涂抹稀泥巴。泥巴涂得越多，表示女方家里对婚事越满意。

结婚：新郎不接亲，由媒公代劳。新娘会在自家屋前摆一床晒簟，将她所挑绣的服饰、头笠摆放并穿戴，胸前还挂一面辟邪的镜子。新娘由两位未婚姑娘陪着祭拜天地、祖先，然后由亲人送嫁。新娘到了男方家，须举行一种叫"捏煞"的仪式，直到傍晚，才能进入婆家。

新婚当晚不入洞房，而是男女双方宾朋聚在一起，在新房里嬉闹中度过。首先，新郎家人用"打滔"（瑶语，意为"屁股"）答谢媒公和送亲男宾。男宾客坐在板凳上，由男方家姑娘们在欢叫声中依次猛力坐在男宾大腿上，男宾弹起大腿，姑娘们被高高弹起又重重落下。循环往复，直到男宾被累得瘫下求饶才罢休。

酒席上，还有一个精彩的仪式是"打泥巴"。男方在酒席上不断给媒公灌酒，一旦媒公离席，一旁的姑娘们便放肆地将准备好的泥巴涂抹在媒公的脸上身上，涂得越多，寓意婚姻越美满。媒公对这身泥巴也很珍爱，因为这是他做媒成功的标志，回家后要留三天才洗掉。

新娘在新婚当晚"惨遭冷落"。新娘坐冷板凳，没人理会，新郎则忙着做事，彼此既不入洞房，也极少交流，就这样度过新婚之夜。

4. 悬棺葬

在泸溪县沅水下游十五里，有一临江陡峭山崖叫"箱子岩"。崖壁上有洞穴，隐约可见木箱，这就是古人的"悬棺葬"。

唐朝张鸷对五溪地区的悬棺葬就已有记载，他在笔记体小说《朝野金载》中写道："五溪蛮父母死，于村外阁其尸，三年而葬。打鼓路歌，亲戚宴饮舞戏，一月余日。尽产为棺，于临江高山半肋，凿龛以葬之。自山上悬索下枢，弥高者以为至孝，即终身不复祭祀。"

在五溪地区，这种悬棺葬普遍存在，在怀化、湘西、铜仁等地均有发现，多达二十几处。在永顺县泽家镇的箱子洞，发现了宋代遗存铜币"天圣元宝"、人骨和棺枢等；在贵州松桃仙人岭悬棺葬遗址中，考古工作者发现了船形棺木和倒棱台棺木；溆浦大江口的鬼葬山也是悬棺处。贵州岑巩县桐木村有座白岩山，发掘出的悬棺葬别有特色。棺枢大多用椿树整木凿就，棺盖做成屋脊状。下葬时，将肢骨、肋骨置于棺枢的下面，将头骨放上面，有的地方还放一具乌龟壳。整个悬棺五分之四放入洞穴，五分之一露洞外，人头朝里。

5. 土家葬礼"撒叶儿嗬"

土家族称人死去为"黄金归窖"。丧葬往往以热闹的形式举办，人们载歌载舞，其中一种古老的击鼓和歌舞仪式叫"撒叶儿嗬"。

"撒叶儿嗬"由祭师主持。祭师首先发歌击鼓领唱："我打鼓来你上台，众人随我走上来，黄花引动白花儿开，撒叶儿嗬。"随之众人大声唱和，所有男人两人一组唱歌对舞，女人则旁边帮腔，参加人数可多达千人。

这种丧歌丧舞，还有多种舞步，如大四门、大四步、小四门、摇丧、跳丧等，基本动作有虎抢头、牛擦痒、观音坐莲、悍马悬蹄、螃蟹打架、猴子爬崖等几十个。土家人以白虎为图腾，所以老虎动作最多。

土家族跳丧舞还根据表演动作的力度，分为"文舞"和"武舞"。"文舞"节奏舒缓，唱词凄凉；"武舞"节奏粗犷，唱词雄浑。

第九篇

美食特产，水果山珍

　　五溪地区山清水秀，植被茂盛，气温适宜，雨水丰沛，所以，本地区物产丰富。这里因空气、水质、食物来源好，所产动物产品肉质好，深受人们喜爱。这里因山区海拔高，温差变化大，温度湿度适宜，土质较好，同时处在植物生长适宜的纬度带，植物产品种类多，营养价值高，口感好。可以说，五溪地区是动植物王国，美食的天堂。本篇主要介绍五溪地区的各类美食特产。

一、美食产品

五溪地区的美食产品种类繁多，口感丰富，可以从动物美食、大米主粮美食和糖饼三个方面来了解。

（一）动物美食

动物美食方面，主要有猪、牛、羊、鸡、鸭、鹅、鱼等。新鲜食材方面，本地土产的花香猪、萝卜猪、本地黄牛、本地山羊、土鸡、土鸭、土鹅、野生鱼是常见的优质动物食物。突出的有芷江洪江鸭、溆浦麻阳鹅、新晃黄牛肉、雪峰乌骨鸡、沅陵晒兰、通道腌肉、黔东南酸汤鱼等。熏腊食材有腊肉、腊鱼等。

1. 土鸡

五溪土鸡指本地区传统的鸡种，体重一般在四斤左右，颜色有麻色、黑色、黄色、白色等，公鸡多为彩色，以谷米农家喂养、散养者最佳。

2. 鸭

五溪地区有一种土鸭，体重约三四斤，颜色以麻色为主，以稻谷散养者最佳。以鸭为食材，芷江鸭、洪江血粑鸭、凤凰酱板鸭、辰溪血鸭等较为有名，其中芷江鸭是湖南名菜。

3. 鹅

五溪地区的土鹅以麻色为主，体重在六七斤。特色菜有麻阳兰里鹅、黄焖鹅。溆浦鹅被认定为优质鹅种，享誉全国乃至世界。

4. 鱼

五溪地区山谷无数，河溪密布，森林遍布全境，生态环境优良，因而野生鱼类丰富，主要有鳜鱼、鲶鱼、草鱼、鲤鱼、鲢鱼、翘嘴鱼等。大鱼以清炖、黄焖为主，小鱼以熏干、火焙者为佳。

5. 新晃牛肉

新晃牛肉以本地产黄牛肉为最佳。新晃牛肉有鲜吃和干吃两类吃法。新晃牛肉有块状干牛肉，也有熟食制品。

6. 通道腌肉

通道腌肉指腌鱼、腌肉等。制作办法是将鲜鱼鲜肉切块，拌盐腌制，稍微晾晒，放入陶坛内，坛盖加水密封，经一段时间后，即可取出食用。这种腌制的肉品，既可以从坛中取出直接食用，不需要再加工，也可添加配料炒制食用。通道腌肉味道独特，回味悠长。

7. 沅陵晒兰

沅陵晒兰制作方法：取猪瘦肉，切片，加些许花椒、食盐等，稍微腌制，晾干成块，备用。食用时，一般切成瘦肉条，加上辣椒、蒜薹等其他佐料炒制食用。其味香，有嚼劲。（图 9-1）

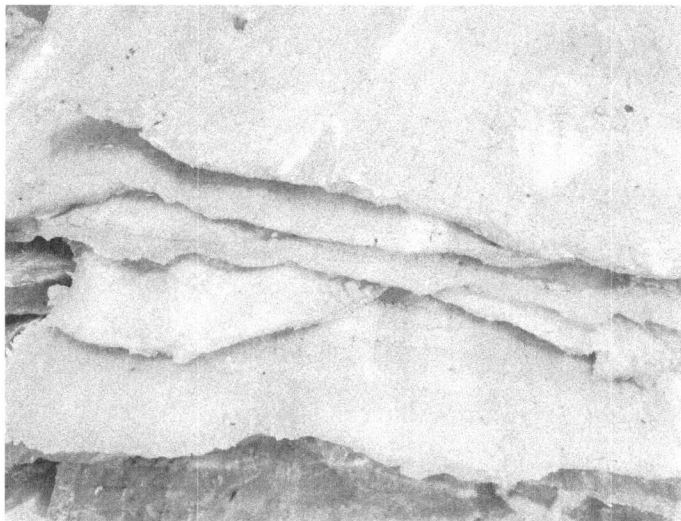

图 9-1 沅陵晒兰

8. 芷江响皮

芷江响皮，取猪皮，去毛，晾晒干，食用前用油炸松炸脆，使猪皮成蜂窝状；也可先用水泡发，切片，炒制或炖汤。

9. 芷江粉蒸肉

芷江粉蒸肉富有特色，其味甜糯鲜香，深受人们喜爱。

制作方法：取自种小米，用水泡发，取五花鲜猪肉切片，加上红糖或红枣拌匀，用碗盛小米与肉片，再用蒸锅蒸熟即可。

10. 黔东南酸汤鱼

黔东南酸汤鱼主要流行在贵州黔东南州凯里、剑河一带。其做法是将鲜鱼洗净备用，用西红柿、酸菜、野生香菜等做汤，之后将鲜鱼放入汤中煮熟即可。

（二）大米主粮美食

大米主粮美食方面，特色产品主要有粉、粑、粽等。如洪江粗粉、新晃锅巴粉、溆浦枕粽、溆浦白丝糯米糍粑、洪江糖糍粑、溆浦散饭、会同散饭、辰溪粉糍粑、会同灯盏粑、通道苦酒、沅陵湘西油粑粑、铜仁花甜粑、铜仁糖麻圆等。

1. 洪江粗粉

洪江粗粉产自怀化市洪江区。此粉用大米做成，比一般米粉粗两三倍，但质地柔软、嫩滑，食用制作方法和普通米粉一样。

2. 洪江糖糍粑

洪江糖糍粑产自怀化洪江市洪江区一带。其做法是用糯米磨粉，做成茶杯口大小扁圆形，放入煮沸的红糖水中，拌熟至柔软即可。洪江糖糍粑嫩滑甜糯，深受人们喜爱。（图 9-2）

3. 溆浦枕粽

溆浦枕粽因其形状像枕头而得名。用料一般有糯米、腊肉条、香豆之类。其做法是用粽粑叶把上述用料包裹成 15 厘米长短的粽子，充分煮熟，直到质地柔软、散发清香为止。（图 9-3）

图 9-2　洪江糖糍粑

图 9-3　溆浦枕粽

4. 辰溪粉糍粑

辰溪粉糍粑产自辰溪县。其做法是将糯米磨成粉，添加捣烂的干蒿菜，加水揉捏成团，用黄豆粉等做馅，再做成茶杯口大小的方扁形状，用油桐叶等包裹，用蒸笼蒸熟即可。其质地软硬适当，清香细腻。（图 9-4）

5. 溆浦糍粑

溆浦糍粑产自溆浦黄茅园、龙潭一带，又被称为白丝糯米糍粑。黄茅园、龙潭一带的糯米特别白亮细嫩，相传古代曾是贡品。用它做成的糍粑米质纯净，色泽白嫩，糯性好，口感特别细滑。（图 9-5）

6. 溆浦散饭

溆浦散饭是一种糯米饼，主要产自溆浦大江口一带。其做法是将糯米蒸熟，做成直径 20 厘米左右，厚度 2 厘米左右的圆饼，晒干备用。食用时用油炸松炸脆，口感脆爽，味道纯香。（图 9-6）

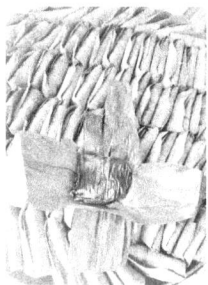

图 9-4　辰溪粉糍粑　　图 9-5　溆浦糍粑　　图 9-6　溆浦散饭

7. 会同散饭、锅皮

这种散饭主要产自会同、通道、靖州、洪江一带。散饭做法与溆浦散饭相似，只是大小形制不同，涂以食用色素（红、蓝、绿、黄等）。锅皮则是将粳米磨粉打浆，用热锅烫成薄片，涂上色素，然后晾晒干备用。食用时，散饭、锅皮经油炸至香脆即可食用，口感香脆。

8. 芷江猪油饼

芷江猪油饼制作方法：用面粉、大米、猪肥肉、香葱、糖料加工成茶杯口大小扁圆形饼，然后用油炸至表皮黄脆、内里香熟即可。其有猪油清香之味。

9. 湘西辣椒糯米粉

湘西辣椒糯米粉主要产自湘西自治州。其做法是将糯米磨成细粒状粉，将干辣椒磨成细粉，两者拌匀，用坛子密封储存备用。食用时，将其炒至香脆，当作菜品或零食上桌食用。

（三）糖饼

糖饼方面的特色产品有沅陵酥糖、靖州雕花蜜饯、湘西饴糖、溆浦麻阳红糖、凤凰姜糖、凤凰木锤酥、铜仁叮叮糖、施秉朵糖、秀山豆末糖等。

1. 沅陵酥糖

沅陵酥糖以芝麻为主料，加入榴花粗糖、饴糖、花生油等，加工成一寸长短方块状，用油纸包装。其口感甜香带粉带糯，具有润肺和助消化的作用。

2. 土法月饼

土法月饼主要产自靖州、会同等县，用面粉、果仁、肉粒、糖品等，加工成直径 15 厘米左右扁圆糖饼。烤熟后即可食用。口感酥香，味道丰富。怀化各县市都产土法月饼，所用食材与做法基本一样。

3. 凤凰姜糖

姜糖主要产自凤凰。制作姜糖的用料有糖和生姜，将生姜捣烂成姜汁，与红糖充分熬制，然后放在案板上冷却，等糖液凝固后放在大铁钩上拉扯，直到变脆，然后切割成小段姜糖块即可。其带有浓郁生姜味，甜辣可口。

4. 米糖

米糖也称饴糖，是五溪地区农家制作的一种糖，主要在怀化芷江、新晃、麻阳、洪江、中方、鹤城、会同一带流行。其做法是将大米发酵催芽，然后熬制成箩筐大小、厚度在 3 厘米左右的糖块，食用时用竹木块敲打成小块食用。味道香甜，别有风味。米糖一般由制糖者（一般是农民）挑着上街售卖。

二、地方特产

五溪地区得天独厚的地理地形和温湿条件，以及当地人们的勤劳智慧，创造了不少吃穿住行用各方面的特产，这里主要介绍除美食以外的地方特产。

在木材方面，会同广木（杉木）、锦屏杉木闻名天下，曾是朝廷"贡木""皇木"。这里生长着不少珍稀植物，如中华水韭、金丝楠木、南方红豆杉、红豆杉等。在药植方面，伏芩、白蜡、白术、金银花、油桐等都天下闻名。在茶类产品上，更是种类繁多，如湘西莓茶、沅陵碣滩茶、古丈毛尖、保靖黄金茶、石阡苔茶、雷山银球茶等。在手工工艺上，苗侗蜡染、刺绣、银器等，别具特色。在乐器制造方面，有玉屏箫笛、芦笙等。玉屏箫笛独具特色，工艺精湛，音质优美，享誉海内外。

（一）广木之乡——会同

五溪地区森林资源非常丰富，特别是杉木蓄积量丰富。杉木是五溪地区常见的树种，尤以怀化会同、洪江、靖州和黔东南锦屏、天柱等地的产量高。五溪地区是我国南方重要的木材基地。

会同县被称为广木之乡。"广木"，即会同广坪一带所产的杉木，因会同林木多、质优而得名。此种杉木因挺直、高耸、粗大、硬实而享誉全国。明清时期被征为"皇木"，曾作为"国木"赠送给他国。中华人民共和国成立后，"广木"样品曾经还作为"国木"

被赠送给苏联、印度、越南、朝鲜、南斯拉夫等国。目前，会同县林地总面积为 255.5 万亩，森林蓄积量达 600 余万立方米，因此会同也是全国重点林区之一。

（二）茯苓之乡——靖州

靖州被称为茯苓之乡，所产茯苓享誉全球，靖州茯苓（图 9-7）是国家农产品地理标志产品。

图 9-7　靖州茯苓

靖州地处雪峰山山脉南端，云贵高原东部边缘，海拔在 800 米左右，属亚热带季风湿润气候，温润多雨，雨量充沛（平均 1266 毫米），气温适宜，日照充足，特别适宜茯苓生长。

靖州茯苓实体巨大，菌核直径一般在 10—70 厘米，这在全国都非常少有。其形状呈不规则球形或椭圆形，外皮呈褐色或紫褐色，表面粗糙，并不美观，它的内里呈白色，鲜软干硬。全县各乡镇均种植茯苓，种植总面积达 2 万亩，产量达 4 万吨，占全国总产量的 40％。现在，靖州已成为全国茯苓选育、繁殖、创新技术服务推广中心，全国茯苓集散中心和粗加工基地。

靖州茯苓因得天独厚的气候环境，产量质量俱佳。

（三）白蜡之乡——芷江

白蜡用途广泛，主要应用于医药、军工、化工、化妆品、纺织等行业。芷江白蜡生产历史悠久，早在明万历年间，就有年产白蜡几百担的记载。1942 年《湖南白蜡调查》载："湖南产蜡之区，首推芷江。"（图 9-8）

图 9-8 芷江白蜡

芷江白蜡亮似水晶，白像雪花，富有光泽，一般在农历八月采收，故又称"八月雪"。芷江全境现有蜡林（蜡林的树种就是女贞树）约 1.5 万亩，可放蜡虫林约 1.2 万亩，芷江白蜡年产量约占全国总产量的一半。芷江白蜡主产区在芷江镇（如杨家村）、岩桥镇、罗旧镇等十几个乡镇，县里有白蜡协会。

芷江白蜡因色白质优，享誉四海，远销全国和海外，被称为"中国蜡"，是国家农产品地理标志保护产品。

（四）莓茶之乡——张家界

莓茶，又名藤茶，小叶种藤茶、龙须茶、白茶等，学名显齿蛇葡萄藤，其味先略苦，后略甘，回味甘甜清爽。在制作过程中，茶叶叶面细胞破碎，于是，细胞中的黄酮活性成分渗透出来，晾干之后，茶叶表面形成"白霜"，于是茶叶呈灰白状，故名"莓茶"。莓茶核心产区在张家界茅岩河、罗塔坪一带。（图 9-9）

图 9-9 张家界莓茶

莓茶最大的特点是富含天然活性成分黄酮。其中嫩叶中黄酮含量达 26%，芽尖黄酮含量达 43% 以上，是目前所发现的含黄酮最高的植物，被称为"黄酮之王"。黄酮的主要药用功效是对人体具有良好的抗氧化、改善血液循环和降低胆固醇等作用。它抗氧化的功效是维生素 E 的 10 倍以上。

莓茶作用独特，口感别具风味，它含有 14 种微量元素，17 种氨基酸，是一种改善体质、提高人体免疫力的保健茶，现正成为人们喜爱的茶类品种之一。

三、水果山珍

五溪地区盛产水果，特别是怀化地区，水果种类繁多，营养丰富，口感良好，是当地有名的"水果之乡"和山珍"百宝园"。

在人工种植方面，有柚类、橘类、柑类、桃类、瓜类、仁类及其他品种等。其中比较有特色的产地产品有溆浦橘子，麻阳冰糖橙、脐橙、椪柑，洪江柚，辰溪柚，沅陵柚，芷江水蜜桃、香桃，麻阳黄桃、冬桃、金秋梨，麻阳猕猴桃，中方黑珍珠葡萄、西瓜、香瓜、八月炸，会同板栗、草莓、甘蔗，靖州托口杨梅、蓝莓、李子、柿子、枇杷等。

五溪地区的野生食材同样丰富，主要有各类野菜、野生水果等，具体有竹笋、蕨菜、蕨根、鱼腥草、薇菜、蒿菜、鸭脚板、荠菜、水芹菜、刺桐芽、椿树芽、地衣、马齿苋、枞菌、滑菌、炭菇、茶树菌、野山药、葛根、灵芝、杨梅、酸柑、板栗、锥栗、八月炸、猕猴桃、柿子、李子、枇杷等。

（一）冰糖橙

冰糖橙主产地在麻阳、洪江等地。这两地的冰糖橙个头大小适中，口感酸甜适度，甜度偏多，肉质脆爽。

（二）柚子

怀化柚子的主产区在麻阳、洪江、辰溪、沅陵等的。它的品种很多，主要有苦柚、早香柚、蜜柚、麻阳柚、辰溪柚、洪江沙湾冰糖柚、洪江黄金贡柚等。洪江市的柚子品种最多，口感最好，集中产区在沙湾乡、岩垅乡、雪峰镇、安江镇等地。（图 9-10）

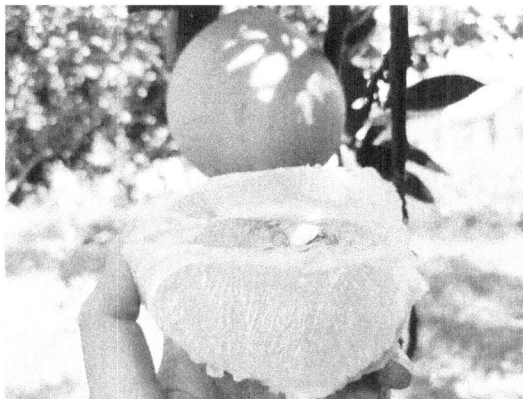

图 9-10　怀化柚子

（三）柑橘

怀化柑橘产地众多，口感不一，主产地在麻阳、洪江、芷江、辰溪、溆浦等地。其中以麻阳柑橘最佳，其皮质脆嫩，肉质脆爽，甜度宜人。

（四）杨梅

怀化杨梅主产区在靖州木洞、洪江、会同、中方、鹤城、芷江等地。其中靖州杨梅历史悠久，享誉全国，靖州因此被称为"杨梅之乡"。坳上镇木洞村是靖州杨梅的起源地，木洞杨梅是靖州杨梅的代表。木洞杨梅的果粒不大，成熟后呈暗红色，香甜可口。靖州杨梅的衍生产品众多，如杨梅酒、杨梅蜜饯、杨梅罐头等。

洪江托口杨梅（图9-11）是怀化杨梅的后起之秀。托口杨梅以东魁杨梅最为有名，其个头大，肉质厚实，口感酸甜，更偏重于甜香。此外，托口杨梅品种较多，除东魁外，还有王子安海杨梅、玫

图 9-11　洪江托口杨梅

瑰红杨梅、黑炭杨梅、荸荠杨梅等。到托口采摘杨梅，感受杨梅园的清香，游览清江湖，吃当地农家鸡鸭，或者在清江湖边垂钓，这些都是很惬意的游玩活动。

（五）金秋梨

怀化金秋梨表皮呈黄褐色，果肉白，个头大，水分足，脆爽甘甜。它的主产区在中方、麻阳、芷江、靖州、鹤城、溆浦、洪江等地。

（六）板栗

怀化既有野生板栗，也有人工栽培的板栗。野生板栗个头偏小，储存时间较长，口感更甜香；人工栽培的板栗个头大，口感稍欠，储存时间偏短。怀化板栗主要产区在洪江市、靖州县和会同县等地。

（七）高山葡萄

怀化高山葡萄是一种本地产野生葡萄品种，原本为纯野生，又称刺葡萄、紫秋葡萄、湘珍珠葡萄、黑葡萄等。其皮色蓝黑，成熟时表皮挂霜，肉质似荔枝，甜度高达 20％，藤长，需要搭架种植。主产区在中方、洪江、芷江一带，尤以中方居多。中方县桐木镇大松坡村高山葡萄种植早，面积大，被称为"中国南方葡萄沟"，是国家 AAA 级景区。（图 9-12）

图 9-12　中方"中国南方葡萄沟"

（八）桃

怀化桃子品种较多，如香桃、水蜜桃、油桃、毛桃、大久保桃、黄桃等。它们有的汁多味甜，有的清香可口，主要产区有中方、麻阳、芷江、洪江等地。怀化桃子中，麻阳黄桃较为出名，口感很好。

（九）猕猴桃

五溪地区的猕猴桃主要产区在怀化麻阳，湘西州凤凰、永顺，铜仁等地。五溪地区的山区中有一种野生猕猴桃，个头小，味道偏酸，营养价值高。

第十篇

钟灵毓秀，大美五溪

　　五溪地区地处我国地势第二级阶梯向第三级阶梯的过渡地带，山区和丘陵地形特征明显。这里丘陵、山地、台地杂存，沟谷、溪河、山峦纵横，峭壁、峡谷、地缝、洞穴密布，泥土地、沉积岩、变质岩、碎屑岩、火成岩纷呈，加上适宜的气候环境，使五溪地区山奇、水美，山水风光多姿多彩。同时，这里的人们智慧勤劳，与自然和谐相处，人文风光也具有独特魅力。本篇主要介绍五溪地区的山水风光和人文美景。

一、山水风光

五溪地区因地形多样，地质构造复杂，高低起伏不平，形成了溪河密布、山水风光旖旎、景色迷人的景象。这里有雪峰、武陵两大山脉，有多座海拔 2000 米左右的山峰，峰峦形状多样，植被丰富且分层鲜明；这里有以沅水为主干的无数溪河，如脉络般流淌在深山峡谷之中；这里有高山草甸，原始森林，灌木草丛；这里有山中盆地，良田沃土；这里有峭壁悬崖，沟谷洞穴；等等。因此，以山水风光为元素的旅游景区也遍布五溪全境。

（一）怀化

1. 雪峰山国家森林公园

雪峰山总体处于湖南西部，从湖南省西南部一直延伸到中部，从邵阳城步开始往北到绥宁、洞口，以怀化靖州、会同、洪江、溆浦境内为主体，再到益阳新化，绵延起伏，全长 350 千米，是湖南境内最长的山脉。雪峰山的秀美风光集中在洪江和洞口一带。

雪峰山上的苏宝顶，位于洪江与洞口交界处，海拔 1934 米，是雪峰山的最高峰。雪峰山植被分层明显，山腰以下以乔木（如杉木、松树）为主，山顶是矮小的灌木丛和树丛，气温清凉。山顶建有风力发电厂，是观云赏景的好地方。（图 10-1）

雪峰山动植物繁多，林木葱茏，其中杉木成片生长，有多片

图 10-1 雪峰山风光

国有林场,其中一部分已建成国家森林公园,位于洪江境内。园内崇山峻岭,流泉飞瀑,树木多姿,俨然一座天然绿色宝库。据统计,园内木本植物达 90 余科 700 多种,其中不乏珍稀树种。园内生长最多的树是杉木。其中省级以上保护树种有红豆杉、南方红豆杉、银杏、樟木、鹅掌楸等 50 余种;有野生动物 40 余种,如野羊、大鲵、野猪、岩鸡、野鸡、锦鸡、竹叶青蛇、眼镜蛇等;有天然药用植物 500 余种,如灵芝、野天麻、黄精、白术、金银花、茯苓等。

2. 借母溪国家级自然保护区

借母溪国家级自然保护区,位于沅陵县西部借母溪乡,因植被丰富、山清水秀,被誉为"湖南九寨沟"。保护区占地面积约 32 平方千米,园内山谷溪河遍布,植物茂盛,是我国罕见的沟谷原始次

森林区，是西南、华南地区植物荟萃之地，也是湖南省境内物种
"天然标本"最集中的"动植物园"。

　　借母溪现已为国家 AAA 级旅游景区，2017 年入列"中国森林
氧吧"。（图 10-2）

图 10-2　借母溪国家级自然保护区

3. 鹰嘴界国家级自然保护区

鹰嘴界国家级自然保护区，位于会同县东南部的团河、若水、林城、沙溪等乡镇内，海拔在 270—930 米，是集森林生态系统、林木资源系统、野生动植物物种和保护系统于一体的自然保护区。保护区总面积 159 平方千米，区内山峦叠翠，沟谷深邃，森林群落密布，珍稀野生动植物繁多。区内植物种类繁多，珍贵树种有国家一级保护植物红豆杉、南方红豆杉、银杏等，国家二级保护植物鹅掌楸、三尖杉、厚朴、桢楠、樟树、金荞麦、大叶榉、伯乐树等。（图 10-3）

图 10-3　鹰嘴界国家级自然保护区

区内有脊椎动物 200 多种，属国家一级保护动物的有白颈长尾雉、云豹、白鹳、白鹤、穿山甲、小灵猫等；属国家二级保护动物的有虎纹蛙、大鲵、水獭、金猫、蛇雕、赤腹鹰、红腹锦鸡、松雀鹰等。

区内昆虫更是名目繁多，有国家保护昆虫 9 种，如威步甲、彩臂金龟、松丽叩甲、中国宽尾凤蝶、双叉犀金龟、中华蜜蜂等。

区内有菌类上百种，大多不宜食用，能食用菌类有 50 余种。

4. 飞山景区

飞山景区位于靖州城西北 3 千米处，因周围都是较为低矮的地段，此山顶部高耸且似飞来的三角形，故名"飞山"。山上有多座寺庙，其中灵光寺建于明朝末年，历史最为悠久。新近修建的大型寺庙叫飞山禅寺，位于飞山山腰，规模宏大。山顶的飞山头宝顶，金碧辉煌，里面供奉着"十峒杨姓始"祖杨再思的塑像。

5. 万佛山景区

万佛山景区位于通道临口镇境内，面积 168 平方千米。这里有近千座由丹霞石（红色砂砾岩）构成的山峰，这些山峰突起于峡谷平地之间，姿态多样，景致壮观。这里现为国家 AAAA 级景区，主要景点有千岁峰、万佛山、金龟觅食、撑架岩、仙人居、天生鹊桥、平坡岩门、三十六弯迷宫等。

6. 清江湖国家湿地公园

清江湖国家湿地公园（图 10-4）位于洪江市西部托口镇，又称"西海""小洞庭"，因托口水电站将清水江拦截成库区而成。清江

图 10-4　清江湖国家湿地公园

湖湿地公园被定位为亚热带生物多样性典型保护区。它东西长14.94千米，南北宽8.93千米，总面积4.6万亩，其中湿地面积3.7万亩，属亚热带季风性温润气候，年平均气温17.6℃，年降水量845毫米。清江湖是湘西南沅江上游最大的人工湖，是湖南省内除洞庭湖外最大的湖区，也是湘黔桂渝鄂五省市周边最大的内陆水面。2019年清江湖经国家批准正式成为"国家湿地公园"。

清江湖是一座集发电、航运、蓄水、灌溉等功能为一体的国家大型水库，平均水流量541立方米/秒，年发电量21.33亿千瓦。

该湿地公园动植物资源丰富。有国家二级保护植物6种，如灯笼草、小酸浆、雀麦等。国家二级保护动物10种，如普通鵟、黑冠鹃隼、白天鹅、野生鸬鹚、松雀鹰等。

（二）邵阳

1. 黄桑国家级自然保护区

黄桑国家级自然保护区位于邵阳绥宁县境内黄桑坪乡，是五溪巫水的发源地之一。（图10-5）

黄桑国家级自然保护区地处湘桂边界的都庞岭主脉，也是雪峰山东部山脉。保护区内重峦叠嶂，植物葱茏，有海拔1000米以上的山峰16座，其中最高峰牛坡头海拔1904米。

黄桑国家级自然保护区地处亚热带地区。这里植物茂盛，四季分明，气候温暖湿润，年均气温在15℃左右，年均降水量在1400毫米左右。区内树木种类繁多，珍稀树种达193种，其中有古老孑遗树种36种，中国特有树种18种，观赏植物166种，如金叶白兰花、白玉兰、鹅掌楸、摇钱树等。有木本植物94种，265属720

种，国家保护植物10种，如国家二级保护植物白豆杉、红椆、福建柏、长柄双花木、篦子三尖杉、杜仲、任木、闽楠、厚朴等。该区樟科、壳斗科、木兰科、山茶科树种广为分布，主要树种有楠、水青冈、青冈栎、檫木、黄椆、樟木、枫香、木荷、紫树、枪木等。

保护区内动物资源也很丰富，较有代表的有红嘴相思鸟、麝、猴、鼯鼠、大鲵、穿山甲、獐、燕、锦鸡、竹鸡、角雉等。

2. 罗溪国家森林公园

罗溪国家森林公园位于洞口县西部罗溪乡，属于雪峰山脉组成部分，现为国家AAA级景区。园区总面积298平方千米，森林覆盖率达94%，是湖南省内面积最大的国家级森林公园。这里有四大景区一百多个旅游景点。这里集"雄、险、秀、幽"于一体，境内森林密布，野花遍地，峰奇谷幽，水清瀑悬，空气洁净。林竹、水能、矿产、旅游4种资源蕴藏量丰富，驰名省内外，它是沅水、资水的发源地之一。（图10-6）

园区有四大自然风景区，它们是高登山景区、万丈岩景区、湘黔古道景区和公溪湖景区。主要景点有龙头三吊瀑布群、宝瑶古寨、普照寺、巴尤江风光等。

园区古木参天，森林茂密，遍布大面积常绿阔叶林。山林面积42万亩，楠竹面积10万亩。河流公溪河穿过园区，是沅水重要的支流。

图 10-5 黄桑国家级自然保护区

图 10-6 罗溪国家森林公园

（三）湘西

1. 古丈红石林

红石林位于古丈县红石林镇，距离芙蓉镇 16 千米，面积约 53 平方千米，核心景区面积约 20 平方千米，现为国家地质公园，AAAA 级景区。这里的红石林岩石形成于寒武纪时期，距今约 4.5 亿年，在地质史上，它属于所称的扬子古海，海底沉积的大量混合泥沙的碳酸盐物质，经地壳运动和侵蚀，形成了今天这种红褐色的千奇百怪红石景观，是喀斯特地貌的一种。这种红色碳酸盐岩石景观，天下稀有，非常少见。

2. 坐龙峡

坐龙峡位于古丈县红石林镇，与芙蓉镇隔酉水相对。它与红石林同属于扬子古海时期的地质变迁,它是 300 万年前经由风吹水蚀而成的喀斯特岩溶沟谷地貌,全长约 6.5 千米,最大落差 300 米,宽处几丈不等,窄处约 1 米宽,仅容一人通过。峡谷内树木葱绿,绝壁高耸,溪瀑众多,现为国家森林公园、国家 AAA 级景区。

3. 德夯大峡谷

德夯大峡谷位于湘西吉首市矮寨镇,距吉首市 24 千米,矮寨高速公路大桥、矮寨盘山公路(国道 209)在其入口处,现为国家 AAAAA 级景区。(图 10-7)

图 10-7　德夯大峡谷

该峡谷属典型石灰石岩溶地貌，处于武陵大峡谷中段，峡谷垂直高度为 400—600 米。境内峰林重叠、绝壁高耸、溪瀑交错。

该峡谷地质属寒武纪地质年代，居于云贵高原东缘，是高原台地边缘岩溶峡谷地貌特征，具有高原与丘陵地带结合部特点，地质界把它称为"金钉子"剖面。它是我国地势第三级（平原丘陵）阶梯向第二级（高原）阶梯爬升的临界点，地理断层景观壮丽。

该峡谷主要景区有天问台、流沙瀑布、盘古峰、德夯苗寨等。

4. 天龙峡

天龙峡国家地质公园位于凤凰县西部阿拉镇，距凤凰古城 18 千米。天龙峡以奇、险、峻、幽、秀著称，峡谷峭壁达 300 多米，飞瀑高悬达 100 多米。两岸草木幽深，峰峦重叠，最窄处不过 2 米，峡壁峭立，飞瀑高垂。这里的主要景点有天龙潭、雷公潭、天龙绝壁、一线天等。

5. 乌龙山大峡谷

乌龙山大峡谷位于龙山县西南部，总面积 41.13 平方千米，距龙山县城 35 千米，是国家级风景名胜区。该峡谷约形成于 40 万年前，呈东北西南倾斜走势，海拔约为 300—1100 米，景区峡谷长约 15 千米。峡谷两岸陡峭险峻，谷深林幽，遍布着 200 多个溶洞，形成了罕见的"地下迷宫"，堪称"世界溶洞博物馆"。

峡谷内现共有地质遗迹 86 处，其中世界地质遗迹 1 处，国家级地质遗迹 12 处。主要景点有飞虎洞、皮渡河、风洞、乌龙洞、鲢鱼洞、石花洞、惹迷洞等，其中飞虎洞是当地峡谷最奇美的溶洞。

6. 八面山

八面山位于龙山县西南部，为高山台地形状，地形像一只船。该山呈南北走势，凸起于周围山峦之上，南北长约22千米，东西宽约5千米，最窄处2千米，四周悬崖峭壁。山上地势开阔，呈高台山坡起伏状态，现有5个自然村落。山上牧草丰茂，牛羊成群，被誉为"中国南方草场的一颗明珠"。

八面山总体气温凉爽，夏天平均气温20℃左右，冬天可达－10℃。山上景观别致，有奇峰、云海、溶洞、天坑、峭壁、阴河、天桥、石林等。主要景点有22处，如大岩门、小岩门、点将台、自生桥、燕子洞、锯齿岩、杯子岩等。这里的地名也别有风格，这主要受匪患影响，如有三把刀、四把刀等36把刀，有上营、中营、下营、七家营、八家营等48营。由此可以看出八面山曾是兵家重地。

7. 古苗河大峡谷

古苗河大峡谷位于花垣县城东南3千米，距十八洞村30千米，边城35千米，矮寨大桥40千米，猛洞河70千米，芙蓉镇76千米，凤凰108千米，张家界128千米，可见从古苗河大峡谷前往周边旅游十分便利。

该峡谷集险、奇、幽、秀于一体。青山、绿水、洞穴、瀑布、原始次森林完美交错，峡谷水清瀑悬，两岸山峰耸立。

峡谷内有珍稀植物伞花木、花榈木、大叶榉等，有珍稀动物大鲵、松雀鹰、麝香、红隼、果子狸、猴面鹰、穿山甲等。

8. 猛洞河风景区

猛洞河是酉水上游一段河流，地处湘西自治州境内，全长 100 多千米。猛洞河风景名胜区主要在永顺县境内，从永顺县城到龙头峡一段，就有河谷峡口 50 多个，曲折河道 100 多处，险滩 100 余处，大大小小的溶洞 300 多个，树木 500 多种，鸟类 190 多种，这里具有别样的地形和河流风光，是一个融峡谷风光、山水风光、花木虫鸟风光于一体的天然公园。

这里有一个猛洞河旅游区，由猛洞河漂流、芙蓉古镇、老司城遗址、不二门森林公园四个部分构成。

（四）张家界

张家界地处湖南西北部，南面与湘西自治州相邻，西北面与湖北恩施接壤，东面与常德、怀化交界。它是国家 AAAA 级景区，中国著名景区，是国家级重点风景名胜区。张家界市以旅游业为主，主要景区有张家界国家森林公园（又分为杨家界、袁家界、武陵源等景区）、天门山、黄龙洞等。

张家界景观的最大特色是石英砂岩峰林，这种石岩峰林世界罕见。这种石岩峰林的产生条件：一是从内部来看，石英砂岩坚硬；二是从外部来看，落差、风化、水蚀的作用明显。它的形成过程是：原始地形坡度平缓，使岩层不能沿层面薄弱部位滑塌下去，于是覆盖在柔性的页岩之上。在重力作用下，刚性的石英砂岩于是呈垂直节理发育；在水流侵蚀和风化作用下，岩层不断解体、崩塌，流水搬运，残留在原地的石英砂岩便形成了雄、奇、险、峻、秀、幽等凌空、高耸、悬崖、倾斜之类的千奇百怪的峰林。这一自然奇观主要存在于张家界国家森林公园内。

张家界另一大地理特点是地下喀斯特溶洞、喀斯特堆积形态多见。张家界溶洞集溶洞、落水洞、暗河、漏斗、沟槽为一体，洞内堆积物如石台、石笋、石钟乳、石柱等千姿百态，变化万千。主要景点有桑植九天洞（号称亚洲第一洞）、武陵源黄龙洞等。

张家界还有一大自然特色就是流水侵蚀地貌形成的峡谷沟槽。由于地壳上升，溪流向下切割作用加大，碳酸钙岩石不断向下磨削形成溪河，溪河谷不断深陷形成峡谷、隘谷、溶沟、溶槽等奇特地形。如槟榔谷、夹儿沟等。

（五）黔南、黔东南

1. 斗篷山

斗篷山位于贵州都匀市西北部，距都匀市 22 千米，距贵阳 142 千米，总面积 61.8 平方千米，为国家 AAA 级景区。主峰斗篷山海拔 1961 米，为贵州中部最高峰，因山顶直插云霄，形似斗篷而得名。斗篷山是国内距离城市最近的原始林区，是清水江的发源地。山中峰峦、森林、峡谷、溪流、溶洞、瀑布等景观遍布，生态良好，原始森林覆盖率近 90%。其中海拔 1800 米的斗篷山高山谷地上，有近百公顷的原始古林，古树参天，这些古树根部长在岩石缝隙中，遍地都是石抱树、树抱石、树搭桥的奇异景观。

这里还有一个斗篷山—剑江风景名胜区，为国家级风景名胜区，它以斗篷山为主体，辐射周边山水风光，包括斗篷山景区、都柳江景区、螺蛳壳景区、剑江景区和凤啭河景区五大片区，总面积 266.8 平方千米。有高山、高山草场、峡谷、溪河、飞瀑、岩溶、众多动植物种群和少数民族风情等自然人文景观。

斗篷山动植物资源丰富，植物有种子、木本和维管植物类，动物有鸟类、兽类和爬行类等。其中种子植物 120 多种，木本植物 70 多种，维管植物 140 多种，鸟类 140 多种，兽类 39 种，国家重点保护植物 22 种，国家重点保护动物 16 种，国家一级、二级保护动物都有，可以说是动植物资源标本库。这里有红豆杉、珙桐、鹅掌楸、马尾树、高山杜鹃、香树、龙胆花、云豹、林麝、蓝翡翠等动植物，其中的毛环方竹为天下独有。这里有大小溪河 100 余条，清水江在此被称为剑江，区内的茶园河和谷江河布满巨大卵石，斗篷山主峰顶有面积约 2000 平方米的天池。

2. 云台山

云台山位于贵州施秉县北部，距施秉县城 13 千米，总面积约 210 平方千米，由云台山、外营台、轿顶山等群峰组成。主峰团仑岩海拔 1066 米。主峰团仑岩突起于群山之间，山顶比较平整，状如岩台，加之四季云雾缭绕，如梦如幻，故名云台山。

云台山位于舞阳河中游地段，属白云岩喀斯特地貌。这种白云岩喀斯特地貌风格为施秉独有，它的典型景观是这种喀斯特峰林成锥状峰丛和塔状峰林形态，峰林之间则为峡谷。

云台山景区的自然和人文景观都很丰富。自然景观有原始自然生态区、奇峰秀水、天象奇观等，人文景观有道教古刹、佛教遗址等。喀斯特地貌典型的奇峰、峭壁、溶洞、天生桥、巨石、塔状群峰、石柱、峡谷、裂谷等景观在这里都很常见。

云台山动植物种类丰富，品种繁多，其中脊椎动物 298 种，包括鱼类 17 科 49 种，两栖类 6 科 14 种，爬行类 10 科 30 种，哺乳类

19 科 45 种，较有特色的如猕猴、云豹、斑羚等；鸟类 41 科 160 种，如黑颈长尾雉、白颈长尾雉、锦鸡等。高等植物有 1351 种，其中裸子植物 22 种，蕨类植物 127 种，苔藓植物 285 种，被子植物 917 种。在脊椎动物中，列入中国物种红色名录的达 242 种之多，如娃娃鱼、云豹、中华秋沙鸭等。植物中被列入高等植物名录的有 70 种，如银杏、鹅掌楸、刺楸、红豆杉等。

云台山已经于 2014 年被列入世界自然遗产。

3. 舞阳河

舞阳河，指沅水的支流潕水的上游在贵州境内的河段。舞阳河发源于贵州瓮安县长林乡的垛丁山，流经黄平、施秉、镇远、岑巩、玉屏等地，出贵州省进入湖南新晃成为潕水。舞阳河主干 258 千米，支流众多，流域面积 6480 平方千米。

舞阳河中段位于镇远、施秉、黄平境内，风景秀美，奇山异水，自然景观和人文景观融为一体，现为舞阳河国家级风景名胜区。它包括舞阳河三峡、云台山、镇远古城、铁溪等景点，景区全河段长达 95 千米，分为上下两段，共有十大景区 390 多个景点。区内有 8 个著名峡谷，如无路峡、头峡、老洞峡、观音峡、龙王峡、西峡、东峡等，有 200 多道湾和滩。

4. 杉木河

杉木河位于贵州施秉县城西北部 14 千米处，全长 44 千米，因其上游产杉木得名，现杉木河景区是舞阳河国家级风景名胜区的十大景区之一，以漂流为主要特色。（图 10-8）

在杉木河 44 千米的河道中，最大落差 750 米，河流清澈晶亮，

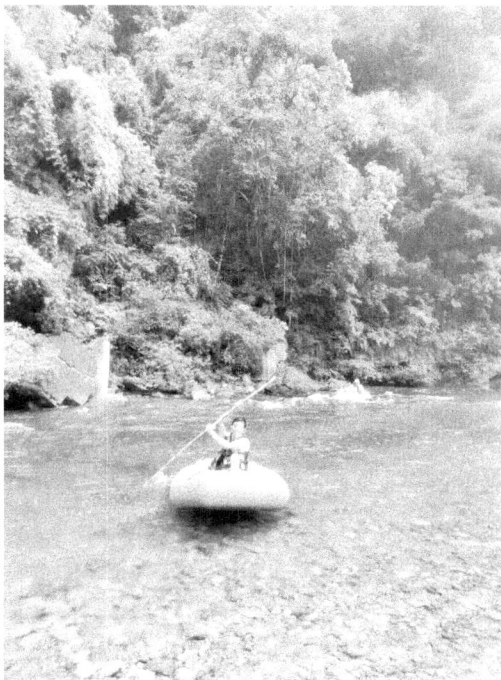

图 10-8　施秉杉木河漂流

河床布满砂砾，特别干净，水深恰当，滩流急缓得当，两岸呈峡谷地形，高峡叠翠，空气洁净，虫鸟鸣叫，是贵州东线旅游的热点。杉木河是我国著名的漂流场所之一，漂流河段长 23 公里，具有雄、幽、秀、奇等特点。据说河水中含有对人体有益的矿物质，当地人对此赞誉颇多。

（六）铜仁

1. 梵净山

梵净山山名源自佛教用语，因"梵天净土"得名，有向往极乐佛国、人间净土之意。它位于贵州铜仁市，以江口县为中心，处于江口、印江、松桃三县交界处，在唐代以前称"三山谷""辰山""思邛山"，明代后称"梵净山"，沿用至今。梵净山系武陵山脉主峰，山内最高峰凤凰山高 2572 米，是贵州境内武陵山脉的最高峰，五溪之一的辰水发源于此。目前它是国家 AAAAA 级景区，中国十大避暑名山之一、中国著名弥勒菩萨道场，国家级自然保护区，2018 年被列入世界自然遗产名录。（图 10-9）

梵净山总面积 775.14 平方千米，遗产地面积 402.75 平方千米，森林覆盖率 95％，有植物 4390 余种，其中国家重点保护野生植物 83 种，包括国家一级保护植物 6 种、国家二级保护植物 77 种；动物 2760 多种，其中国家重点保护野生动物 57 种，包括国家一级保护动物 11 种、国家二级保护动物 46 种，代表性动植物有黔金丝猴、云豹、熊猴、大鲵、大绿蛙、眼斑水龟、冷杉、珙桐等。这里被誉为"动植物基因库"。

梵净山是一座具有 2000 多年历史的文化名山，"佛教净界"是梵净山的人文景观特征。从秦汉时期开始，梵净山就成了"武陵蛮"崇拜的神山、圣山。在唐代就有佛教活动和寺庙，宋代佛教全面进入梵净山，建了沿丰寺、中胜院等佛教寺院。早在明代万历以前，山上的佛教寺院西岩古寺、天马古寺、老金顶的承恩寺（又称上茶殿）、镇国寺（又称下茶殿），新金顶的弥勒殿、释迦殿等，都已建成。此后明清又修建了不少寺院，特别是始建于宋代的天池寺，清康熙年间敕封它为"护国禅寺"，为四大皇庵之一（其他三座是天庆寺、承恩寺、朝天寺），是梵净山最大的寺庙。梵净山历代所修寺庙达数百座，其中最为有名的是四大皇庵和山下的四十八大脚庵。

图 10-9　贵州梵净山

原始洪荒是梵净山的自然景观典型的特征，云瀑、幻影、禅雾、佛光四大天象奇观变幻莫测。标志性景点有红云金顶、月镜山、蘑菇石、万米睡佛、九龙池、万卷经书、凤凰山等。

2. 腊尔山红石林

腊尔山红石林也称贵州红石林，位于铜仁市松桃县盘石镇境内，属于武陵山山脉。腊尔山红石林处于海拔 1000 米以上的山顶，面积约 10 平方千米。

腊尔山红石林属第三纪地质变化结果，形成历史约 4.8 亿年。其岩石主要由碳酸岩、叶层岩、泥岩、砂岩等多种组成，主要成分有硅、钙、铁等。在地壳运动、暴雨和干旱气候交替、地质演变等因素的共同作用下，这里形成了以丹霞色为主、多色并存的宝塔状岩石层，形状奇特，举世罕见。

腊尔山红石林景区还在开发中，现有千余亩已发掘出来，还有万余亩正在开发。（图 10-10）

图 10-10　贵州腊尔山红石林

3. 亚木沟

亚木沟位于贵州铜仁市江口县太平镇境内，距江口县城19千米，毗邻梵净山风景区，园区总面积26平方千米。该景区汇集了溪流、瀑布、森林等自然风光和土家文化，是贵州著名风景名胜区和避暑地，国家AAAA级景区。（图10-11）

图 10-11 铜仁亚木沟

亚木沟是一个峡谷，总长 50 千米，现开发出的旅游路线约 10 千米。沟里气候宜人，空气洁净，夏无酷暑，冬无严寒，年平均气温 17℃左右。峡谷物种丰富，有金丝猴、穿山甲、林麝、红腹锦鸡、大鲵、虎斑蝶、山麻鱼等珍稀动物，还有红豆杉、珙桐、楠木、桫椤等世界珍稀树种。

峡谷层峦叠嶂，石崖陡峻；树木葱茏，古藤缠绕；奇石漫布，溪水潺潺；鸟蛙齐鸣，游鱼嬉戏，是休闲漫步的好地方。

此外，亚木沟景区有土家风情园、民俗博物馆、图腾广场、蜡染体验馆、民俗演艺厅等。

4. 九龙洞

九龙洞位于铜仁市东南方约 17 千米，是一座大型的天然喀斯特溶洞，是贵州风景名胜区，国家 AAAA 级景区。洞内长 2258 米，最高达 70 多米，最宽达 80 米，总面积约 7 万平方米，有 7 个自然形成的溶洞，现已开放 3 个大厅共 12 个景区。

九龙洞最大的特征是其内部钟乳石林立，各色各样的钟乳石晶莹剔透，千姿百态，妙趣横生。其中 20 米以上的钟乳石有几十根，最高达 39.88 米，直径 16.4 米，这在国内乃至世界都是少见的。

洞外山崖高耸，绿意盎然，从盘山景观道可以欣赏周围喀斯特山水风光。

（七）重庆

1. 川河盖

川河盖位于重庆秀山县涌洞乡，距县城 40 千米，与湘西自治

州花垣县相邻。川河盖是一处高山草场旅游区，是国家 AAAA 级
风景名胜区。（图 10-12）

图 10-12　秀山川河盖

川河盖地形周围陡峭，其盖（当地人把海拔较高的坡台称为
盖）凸起，面积 28 平方千米，平均海拔约 1200 米，形似桌台，因

而有"中国桌山"的美誉。

川河盖夏季凉爽，冬季寒冷，山上植物丰富，年平均气温12.1℃，森林覆盖率43％。这里比周围群山高耸，风景独秀，游览景观可以概括为：春看映山红遍，夏可避暑乘凉，秋观白茅秋雪，冬赏北国风情。主要观赏点为奇峰异石、映山红、高山草场，具体有金蟾求凤、锯齿岩、将军岩、朱氏殉情、梳子山、仙人下棋等景观。特别是草场花海独具特色，野生杜鹃花与人工培育的花相映成趣，是渝东南唯一一座高山草场。

行走在川河盖的观光道路上，游览者既可以近看烂漫山花，也可以远眺山底的溪流和绵延的群山，加上适宜的温度和天气，令人心旷神怡。

此外，上山的盘山公路拐弯40多道，山上的星空云层，同样值得观赏。

2. 桃花源

重庆桃花源位于酉阳县城北1千米处，距离重庆市360千米，现为国家AAAAA级景区，同时还是国家地质公园、国家森林公园等。

桃花源景区总面积50平方千米，由世外桃源（桃花源核心景区）、桃花源国家森林公园、太古洞、酉州古城、桃花源风情小镇、桃花源广场等组成。它集岩溶地质溶洞、秦晋农耕文化展览、自然生态风光和土家民俗风情等于一体。

我国各地"桃花源"景区很多，达20多个，大都是对东晋著名诗人陶渊明《桃花源记》解读后衍生出的景点。从《桃花源记》中的"武陵人捕鱼为业"可以看出，陶渊明笔下的桃花源应该是在武陵山区，但它是否有真正原型则难以确定。酉阳"桃花源"在一定程度上具有陶渊明笔下的桃花源的风貌，为现代人们找寻世外桃源、感受农耕与田园生活提供了去处。

酉阳桃花源的景点主要有入迷津、廋辞亭、归园田居、秦乐坊、陶公学堂、忘归廊、命子堂、躬耕园、桃汁坊、秦趣苑、大秦食客、桃源茶坊、麻布记忆等，它们可以让人感受恬静的农耕生活。

二、人文美景

五溪地区的人们在长期的生产生活过程中，根据山地特点和社会发展需要，在实现人与自然和谐统一的同时，创造了许多人文美景。这里有著名的矮寨大桥，有湖南最长的人工隧道雪峰山高速公路隧道，有无数的茶园，有很多美丽的村庄，还有高山牧场等。

（一）矮寨大桥

矮寨大桥位于湘西吉首市矮寨镇德夯大峡谷景区的入口处，正处矮寨镇峭壁上方，距吉首市 20 千米。

矮寨大桥是包茂高速关键控制性工程，于 2007 年开工建设，2011 年贯通。大桥全长 1779 米，主桥全长 1414 米，桥面为双向四车道高速通道，是一座双塔钢桁加劲梁单跨悬索桥。桥面离德夯大峡谷底 355 米，桥下就是矮寨镇。矮寨大桥曾创造了轨索滑移法、塔梁分离设计、岩锚吊索和大桥主跨四个世界第一。（图 10-13）

矮寨大桥景区与十八洞、德夯大峡谷一起构成了湘西一大国家 AAAAA 级景区。

（二）南山牧场

南山牧场地处邵阳市城步县南山镇，距县城 80 千米，属湘桂交界越城岭山脉北麓，雪峰山脉南段，绵延 40 多千米，海拔1100—1940 米，属于花岗岩和闪长岩侵入体山顶缓坡丘陵台地，

图 10-13　矮寨大桥

系亚热带高山山地草甸草山，年均气温 11℃左右，夏季不需要电扇和空调。

南山牧场就在这一高山台地上，整个山顶全是草原，是湖南南山国家公园的组成部分，是我国南方最大的现代化牧场。整个牧场东西宽约 32 千米，南北长约 46 千米，拥有天然草山 23 万亩，总面积 152 平方千米。

南山牧场现为国家 AAA 级景区，不需要门票，是乡村旅游极佳的目的地之一。山顶南山镇食宿均很方便，山上所产白萝卜含糖量高，甘甜爽口。

（三）湘西茶园

湘西自治州位于武陵山脉主体地区，是我国著名的微生物发酵带，土壤富含硒带，自古就生长着很多野生古茶树，是茶树生长的黄金地带。

这里盛产黄金茶、毛尖和莓茶，其茶叶含高氨基酸、高茶多酚、高水浸出物，具有香、绿、爽、浓的优良品质。这里的黄金茶、毛尖茶、绿茶知名度很高，其中黄金茶为湘西独有，湘西是"中国黄金茶之乡"。湘西自治州茶园总面积达75万亩，分布在田野、山坡等，面积之大，居全省前列。

湘西遍地是茶园，大大小小的茶园镶嵌在田垄、坡地，房前屋后，构成了一幅幅优美的画面。其中具有观赏性的茶园主要有以下几个。

黄金村茶园：位于保靖县东南部的葫芦镇黄金村，紧临吉首市隘口村，茶园面积共有3200多亩。这里有龙颈坳、库鲁、夯纳乌等7个古茶园及两个古苗寨。有古茶树2000多株，其中明代古茶树710多株，清代古茶树1300多株，总面积220多亩。（图10-14）

隘口村茶园：位于吉首市马颈坳镇隘口村，距吉首市15千米，村中农舍与茶园镶嵌，司马河从村中流过。整个村子河流清澈，农舍漂亮，环境特别干净美丽。全村茶园面积17000余亩，遍布村中田野和周围山坡，是"湘西黄金茶第一村"。到隘口村除了观赏茶园，还可以游览始建于明嘉靖年间的隘门关、湘西黄金茶茶鼓、黄金茶交易遗址、石家镖局、战国编钟等古迹和农家隔院卵石矮墙等人文景观。

国茶村茶园：位于保靖县葫芦镇，是我国黄金茶古茶园与茶文

图 10-14 湘西黄金村茶园

化核心保护区之一。茶园面积 11000 亩，传说是茶圣陆羽《茶经》中所记述的无射山所在地，有"五马归朝无双地，七星伴月不二天"之称。村子里有古井数口，水质甘洌，水量充沛。古井水与古茶沏泡，韵味甘醇，浓郁清香。

古丈毛尖茶园：古丈毛尖茶属绿茶品种，产地在湘西古丈县。古丈毛尖现为国家地理标志产品，中国驰名商标。古丈毛尖茶产地位于武陵山脉的群山之中，遍布古丈县的各个乡村。在乡村田野、农舍周围、山坡森林之间、溪河两岸，大大小小的茶园随地可见。层层块块的绿色茶园或与湘西别致的民居相映成趣，在云雾缭绕的群山中若隐若现，展现出一派湘西山区闲适和谐的茶园生活美景。

此外，湘西较大茶园还有凤凰廖家桥镇椿木坪村茶园、保靖茶婆峰茶园、花垣十八洞村黄金茶园、龙山大茶树茶园、古丈牛角山茶园等。

（四）美丽村庄

五溪地区美丽村庄遍布全境，各有特色。有的人文历史深厚，有的古树、古建筑成群，有的特色产业明显，有的山清水秀。除了前面介绍的古村古镇以外，还有上百座美丽村庄，如隆回崇木凼，湘西红岩、红土溪、芭蕉坪、十八洞、金龙、蚩尤、拉毫、老家寨、寨龙、楠竹、坪朗、洗车、老司岩、六合、中寨、翁草、涂乍、芷耳、双凤、咱河、西那，秀山李家院、太阳山、柏香，酉阳龙潭、河湾、何家岩、后溪，来凤龙潭坪、老寨、土家寨、石桥，宣恩伍家台、木笼寨、两河口、清水塘、彭家寨、滚龙坝，铜仁云舍、漆树坪、茶园山、楼上、寨英、梨花、响水、团龙，黔东南亮司、旧州、雅中、雷屯、施洞、江门塘、下司、文斗等。

1. 隆回崇木凼

崇木凼村（图 10-15）位于邵阳隆回县虎形山乡，距隆回县 86 千米，是一个典型的花瑶民族村。村里院落全是花瑶木屋民居，所穿服饰为花瑶服饰。村里典型的自然景观是村子中部元宝形的山上生长的古树群。在这里，存活了 500 年以上的古树有 300 多棵，主要树种是栲栎、锐齿栲栎、水青冈、亮叶水青冈、枹栎、铁芎枫香等。

崇木凼村被称为"中国花瑶第一村"，已入选中国生态文化村、国家森林乡村名单。

图 10-15　隆回崇木凼古树林

2. 铜仁云舍

云舍村（图 10-16）位于铜仁江口具，是一个秀美宁静的村子，已有上千年历史，被称为"中国土家第一村"，现为中国传统村落，乡村旅游目的地之一。

云舍村距江口县城 7.8 千米，村落平坦，四周有云雾缭绕的山峰。

太平河在村前流过，村子里有土家木屋和众多农家乐。村中有一直径 50 米的圆形水潭，被称为神龙潭，至今无人知道它有多深。

图 10-16　铜仁云舍村

水从潭底溢出，潭面水平如镜，然后形成一条小溪，从村中流过。这里曾是土法造纸的古老场所，其遗迹尚存。

　　来到这个村子游玩，有恬静、自然之感。它距贵州著名国家AAAAA级景区梵净山只有 11 千米，距亚木沟风景区约 12 千米。

云舍村附近还有茶园山村、寨英古镇（中国滚龙之乡）、团龙村等特色乡村。

3. 酉阳后溪

酉阳后溪村位于重庆酉阳县东 75 千米的酉水镇，这里是土家摆手舞的发源地之一，也是土家文化的发祥地，是重庆市十大历史文化名镇之一，享有"中国最美土家村寨"的美誉。（图 10-17）

图 10-17　酉阳酉水河畔

后溪村紧临酉水，历史悠久，清朝之前是土司管辖之地，清朝"改土归流"后人员流动频繁，湘、鄂、赣人口流入此地，商贸繁荣起来，并形成了独具特色的土家文化，以及以由田姓、彭姓、白姓三大姓为主的宗祠、会馆，古建筑、古遗迹存量丰富。村寨有宗祠、会馆、民舍等文物遗迹 60 余处，县级以上文物保护单位 10处，重点文物有白家祠堂、彭家祠堂、悬棺葬、万寿宫、土司白总管将军墓等。

4. 天柱三门塘

天柱三门塘（图 10-18）位于贵州天柱县东南部，清水江中游，距离天柱县城 42 千米，是一个侗族村寨。

该村历史悠久，曾是清水江中上游木材、药材、桐油的集散地，上游大量木材到这里编排，再沿沅水运往江浙等地。这里曾有

图 10-18　天柱三门塘刘氏宗祠

5 座码头，繁盛时期木船云集，木排漂满河面。

三门塘集侗族文化、石玩文化、祠堂文化、古树文化于一体，是北侗文化的代表村寨。村里现留存有不少古建筑，如刘氏宗祠（省级文物保护单位）、王氏祠堂等祠堂，有碑刻上百余块、窨子屋20 余座、卵石巷路30 多条，特色侗族木屋数十栋，古树120 余棵。其中刘氏福记窨子屋保存非常完整，已达200 余年的土砖围墙、入户条石浮砌门、前厅客房、主人内房、木雕窗户、太师椅、八仙木刻桌、石铺天井、天井防火浮雕石缸等建筑完好保留至今。

参考文献

[1] 聂荣华，万里. 湖湘文化通论 [M]. 长沙：湖南大学出版社，2005.

[2] 郑焱. 近代湖湘文化概论 [M]. 长沙：湖南师范大学出版社，2008.

[3] 夏长阳. 走进五溪大湘西 [M]. 天津：百花文艺出版社，2008.

[4] 苗族简史编写组. 苗族简史 [M]. 北京：民族出版社，2008.

[5] 侗族简史编写组. 侗族简史 [M]. 北京：民族出版社，2008.

[6] 瑶族简史编写组. 瑶族简史 [M]. 北京：民族出版社，2008.

[7] 土家族简史编写组. 土家族简史 [M]. 北京：民族出版社，2009.

[8] 朱汉民. 湖湘学派与湖湘文化 [M]. 长沙：湖南大学出版社，2010.

［9］朱卫平. 五溪之神［M］. 海口：海南出版社，2011.

［10］杨高南，肖新华. 五溪文化研究论文选集［M］. 湘潭：湘潭大学出版社，2018.

［11］王松平，赵伟，李洪源. 湖湘文化概论［M］. 北京：中国轻工业出版社，2019.

［12］唐光斌. 怀化：怀抱天下化五溪［M］. 北京：社会科学文献出版社，2019.

［13］李怀荪. 五溪漫话［M］. 长沙：湖南大学出版社，2020.

后　记

　　五溪地区古往今来都是中国西南地区的重要通道，本地区的地理气候环境非常特殊，特别适宜动植物的生长，因此物种丰富，是动植物的天堂。五溪地区是中华民族多民族聚居区，各民族文化独具特色又交织融合，形成了丰富多彩、神奇瑰丽的人文景象。研究五溪文化，对认识五溪山水风光，深入了解五溪文化，传承中华文化，都具有极好的意义。

　　我们出生在五溪，生长在五溪，工作在五溪，因此，对五溪的山水和各族人民具有深厚的感情。我们充分利用工作和生活的便利条件，走遍了五溪的山山水水和村村寨寨，走访了五溪地区的各族人民，探寻了五溪的历史遗迹，于是产生了写一本比较全面的介绍五溪文化书作的愿望，本书就是在这样的基础上进行探索的成果。由于我们对五溪文化还是处于探索初期，存在的问题希望得到专家学者的批评指正！

　　在本书的写作过程中，得到了怀化师范高等专科学校领导和师生的大力支持，得到了湖南省社会科学院唐光斌先生的大力支持，我们还参阅了很多专家学者的相关著作及在线文章，在此，谨一并致谢！

杨志堂　杨志历

2022 年 10 月